CÓMO
ENVEJECER
Sin
AVEJENTARSE

CÓMO ENVEJECER

Sin

AVEJENTARSE

LOS PASOS QUE PUEDE TOMAR HOY PARA MANTENERSE JOVEN POR EL RESTO DE SU VIDA

JOYCE MEYER

FaithWords

New York • Nashville

FaithWords
Hachette Book Group
1290 Avenue of the Americas, New York, NY 10104
faithwords.com
twitter.com/faithwords

FaithWords es una división de Hachette Book Group, Inc. El nombre y logotipo de FaithWords es una marca registrada de Hachette Book Group, Inc.

La editorial no es responsable de los sitios web (o su contenido) que no son propiedad de la editorial.

El Hachette Speakers Bureau proporciona una amplia gama de autores para dar charlas. Si desea obtener más información, visite www.hachettespeakersbureau.com o llame al (866) 376-6591.

A menos que se indique lo contrario, el texto bíblico ha sido tomado de la Santa Biblia, NUEVA VERSIÓN INTERNACIONAL® NVI® © 1999, 2015 por Biblica, Inc.® Usado con permiso de Biblica, Inc.® Reservados todos los derechos en todo el mundo.

Las escrituras marcadas como "NTV" son tomadas de la Santa Biblia, Nueva Traducción Viviente, © Tyndale House Foundation, 2010. Usada con permiso de Tyndale House Publishers, Inc., 351 Executive Dr., Carol Stream, IL 60188, Estados Unidos de América. Todos los derechos reservados.

Las escrituras marcadas como "LBLA" son tomadas de LA BIBLIA DE LAS AMERICAS © Copyright 1986, 1995, 1997 por The Lockman Foundation. Usada con permiso.

Traducción, edición y corrección en español por LM Editorial Services | lmeditorial.com | lydia@lmeditorial.com con la colaboración de Yvette Fernández-Cortez como traductora del texto.

ISBN: 978-1-5460-1603-8 (tapa blanda) / E-ISBN: 978-1-5460-0011-2 (libro electrónico)

Primera edición en español: marzo 2021

Impreso en los Estados Unidos de América

LSC-C

Printing 1, 2021

ÍNDICE

INTRODUCCIÓN

¿Puede recordar cuando era muy joven y haber visto a alguien que tenía unos cincuenta o sesenta años, y decir: "¡Ya está *vieja*!"? Cuando somos adolescentes o estamos en los veintitantos años, no podemos imaginarnos tener setenta y cinco. Sin embargo, con el tiempo, probablemente llegaremos allí. Los años pasan para todos. Algunos navegan con elegancia los cambios asociados con el envejecimiento, pero muchos no. Tener miedo, sentirse intimidado o negarse a admitir que el proceso de envejecimiento está sucediendo, no lo elimina. Preocuparse por ello o ignorarlo definitivamente no lo facilita, sino que, de hecho, lo dificulta aún más.

Creo firmemente que todos deberíamos disfrutar los años que Dios nos da. Para lograrlo, necesitamos prepararnos para los últimos años de nuestra vida. Mientras más pronto empecemos esta preparación, más fácil será y tendremos mejores resultados.

> Creo firmemente que todos deberíamos disfrutar los años que Dios nos da.

Durante nuestros años de adultez, e incluso hasta la mediana edad, estamos llenos de sueños y planes para el futuro. Generalmente, no pensamos en envejecer. De alguna manera, creemos erróneamente que siempre estaremos jóvenes. Mi hijo menor acaba de cumplir los cuarenta, y ninguno de nosotros puede creer que ¡el bebé de la familia tiene cuarenta años! Sin embargo, así es; y es posible que descubra que tener esta edad requiere algunos cambios y ajustes menores.

Es comprensible que no queramos pensar en envejecer, pero los problemas surgen cuando la gente no está dispuesta a hacer los cambios que requiere cada etapa de la vida e insiste en no administrar sabiamente su salud y su tiempo. Estar "ocupado" es la enfermedad del siglo XXI, y provoca estrés. Si se ignora por mucho tiempo, tendrá efectos negativos a largo plazo, o incluso permanentes, sobre la manera en que nos sentimos y lo que podemos hacer a medida que envejecemos.

Podemos aprender de las experiencias de quienes han estado ahí antes de nosotros, y tengo la esperanza de que este libro le provea algunas lecciones de mi propia experiencia. En estas páginas, mi objetivo es compartir abiertamente las vivencias y el conocimiento que he obtenido a lo largo de los años acerca de envejecer. Mi esperanza es que le ayude a evitar algunos de los errores que yo cometí y que le sirvan para que usted pueda envejecer bien. No hay nada que podamos hacer respecto a añadir un año a nuestra edad cada doce meses, pero hay *mucho* que sí podemos hacer para evitar que nos "avejentemos".

> Me gustaría que en este momento dijera en voz alta: "No temeré ni me sentiré intimidado por los años venideros".

Me gustaría que en este momento dijera en voz alta: "Algún día voy a tener setenta y cinco años, y luego, ochenta, y tal vez, noventa, dependerá de cuántos años Dios me dé. No temeré ni me sentiré intimidado por los años venideros".

No importa qué tan joven sea usted ahora, yo creo que es importante pensar en sus últimos años. Permítame animarlo a esperarlos ansiosamente y a creer que, a pesar de que la vida será diferente cuando sea viejo, aún puede ser muy, pero muy buena.

A medida que lea, podría notar que no llené este libro con páginas de estadísticas sobre el envejecimiento. Usted puede tener fácilmente acceso a ellas si busca en la Internet, y si le interesan. He descubierto que algunas son muy negativas. No quiero tener la expectativa de que mi cuerpo o mi mente deje de funcionar a cierta edad solo porque es lo que predicen los expertos. Yo quiero ver lo que Dios hará conmigo. Creo que Él tiene un plan individual para cada uno de nosotros y para el curso de nuestra vida. Si seguimos la guía de Dios, terminaremos en el lugar y el momento correctos.

> *No quiero tener la expectativa de que mi cuerpo o mi mente deje de funcionar a cierta edad solo porque es lo que predicen los expertos. Yo quiero ver lo que Dios hará conmigo.*

Antes de que siga leyendo, quiero desafiarlo a que se haga una pregunta importante: ¿Usted simplemente se dejaría "envejecer" o haría que su edad vaya aumentando con dignidad, propósito y sabiduría, permitiendo que Dios lo use en cada etapa de su vida? Si así lo hace, yo creo que sus últimos años pueden ser absolutamente maravillosos.

"CLAVES PARA TENER GOZO
A CUALQUIER EDAD:
VIVA CON SENCILLEZ.
DÉ GENEROSAMENTE.
RECIBA CON DIGNIDAD.
SEA AGRADECIDO".

—

P.C.F.

CAPÍTULO 1

APRENDA DE LA EXPERIENCIA, PARTE 1

La experiencia tiene una belleza y una sabiduría que no pueden fingirse.

Amy Grant

Si yo le pidiera que me compartiera las experiencias de su vida, ¿cómo se desarrollaría la conversación? ¿Me contaría historias de una niñez feliz, relataría sus sueños y desilusiones, o me mostraría fotografías de su familia? ¿Evocaría los desafíos que ha superado y las lecciones que ha aprendido? ¿Lo escucharía hablar de su vida con gratitud por todo lo que Dios ha hecho por usted? ¿Percibiría yo un temor o ansiedad por los días que han de venir, o escucharía paz, fe y positivismo en su actitud hacia el futuro? Las experiencias en la vida de cada uno son distintas, y Dios puede usarlas todas. En este capítulo y en el siguiente, me gustaría compartir algunas de las vivencias que me llevaron a escribir este libro.

EL INICIO DE UN LARGO RECORRIDO

Mi padre me abusó sexualmente, con regularidad, a lo largo de mi infancia y adolescencia. Estoy segura de que el estrés de esa experiencia me robó gran parte de mi energía antes de que tuviera la oportunidad de utilizarla apropiadamente. Durante años, pensé que el hecho de que yo fuera fuerte y determinada me había llevado a superar esos años terribles de abuso; sin embargo, ahora me doy cuenta de que fue Dios quien me dio la fortaleza para seguir adelante.

Recuerdo no haberme sentido bien en varios momentos de mi vida, después de llegar a los dieciocho años más o menos. Me fui de mi casa tan pronto tuve la edad legal para hacerlo y me casé a los dieciocho años; qué interesante, ese fue el mismo año en que empecé a enfrentar problemas con mi salud. No hay forma de describir mi primer matrimonio excepto diciendo que fue malo y extremadamente estresante. Mi esposo me abandonó dos veces. Además, tuve que lidiar con sus amoríos, su desempleo y su costumbre de robar.

Pronto me encontré yendo a doctores, preguntando por qué no me sentía bien la mayor parte del tiempo. Ellos trataban de decirme que mis síntomas físicos estaban relacionados con el estrés, pero yo me negaba a aceptar el "estrés" como un diagnóstico verdadero. Cualquier mención de estrés, nervios o una conexión emocional a cómo yo me sentía físicamente era inaceptable para mí, porque mi madre tuvo problemas con la ansiedad toda su vida y finalmente tuvo un colapso nervioso. Yo creía que ser susceptible al estrés significaba que era débil y que no podía manejar mi vida, y no quería que nadie me viera de ese modo.

Ahora supongo que el estrés excesivo es el culpable de muchos problemas de salud. En lo personal, he sufrido de condiciones de salud relacionadas con el estrés y he conocido a otras personas que también lo han vivido. Explicaré más sobre la conexión entre el estrés y la salud a lo largo de este libro, pero por ahora, permítame decir sencillamente que los síntomas de muchas enfermedades son reales, pero su causa principal, o al menos un contribuyente fuerte a muchas de ellas, es el estrés.

> *Ahora supongo que el estrés excesivo es el culpable de muchos problemas de salud.*

A los veintidós años, después de haberme divorciado, estaba sola en el mundo con mi primer hijo. Sin nadie a quién acudir, vivía en un estado constante de preocupación y temor de bajo nivel. Podía pedirle ayuda a mi padre, pero sabía que significaría sufrir más abuso; así que lo evité durante tanto tiempo como pude. Finalmente, tuve que volver a casa por un periodo corto, durante el cual conocí a Dave y nos casamos. Él era, y siempre ha sido, un hombre paciente y amoroso, pero yo era tan disfuncional y mi alma estaba tan herida a causa de mi pasado que no sabía cómo disfrutar a Dave o cualquier otra cosa en la vida. No me di cuenta de que todo ese estrés que había atravesado le pasó una factura a mi cuerpo. Aunque debido a que todavía era joven y tenía la energía de la que gozan los jóvenes, seguí adelante a pesar de estar lidiando con problemas físicos que aumentaban constantemente.

MÁS Y MÁS OCUPADA

Cuando Dave y yo nos casamos, él adoptó a mi hijo, David, y pronto tuvimos dos bebés más, eran niñas. En cuestión de unos años, teníamos tres hijos, todos menores de seis años, y vivíamos en un apartamento pequeño que tenía tres habitaciones, y apenas teníamos el dinero suficiente para sobrevivir. Cuando decidimos que queríamos comprar nuestra primera casa, tuve que conseguir un empleo para poder hacer la compra. Así que, encima de tratar de hacer todo lo que la vida de una madre y esposa joven requería, añadí el estrés de un trabajo de tiempo completo. Bebía demasiado café, fumaba un paquete de cigarrillos al día, dormía aproximadamente seis horas cada noche y la mayor parte del tiempo estaba enojada por algo. Aunque en ese tiempo no lo sabía, también tenía un defecto de nacimiento en mi cadera derecha. La articulación de mi cadera era ovalada en vez de redonda, así que no encajaba adecuadamente y me provocaba los problemas de espalda que empezaron cuando era adolescente. Afortunadamente, eso se resolvió con un reemplazo de cadera, pero no fue sino hasta el año 2017. Desde mi adolescencia hasta principios de los setenta años, tuve dolor de espalda e iba constantemente donde el quiropráctico para que me hiciera ajustes.

Aunque había creído en Jesús desde que era una niña, carecí de una relación verdadera con Él durante muchos años. Sin embargo, en 1976, cuando tenía treinta y tres años, esto empezó a cambiar. Dios me acercó a Él y me dio un amor y una pasión por el estudio de su Palabra. Como resultado, empecé a darme cuenta de que necesitaba un gran cambio en mi vida para resolver los problemas con los que lidiaba. A lo largo de un periodo de muchos años, mientras recibía de Él mucha sanidad en mi alma y experimenté mejoras en algunos aspectos de mi vida, todavía no sabía cómo descansar. Apenas podía pronunciar las palabras "no puedo". Tenía inseguridades profundas y creía que mi valor provenía de lo que yo producía a través del trabajo duro, así que trabajaba la mayor parte del tiempo.

Para cuando cumplí los treinta y seis, Dave y yo tuvimos a nuestro cuarto hijo, y Dios nos llamó al ministerio. Empezar algo nuevo requiere generalmente un montón de trabajo, y el ministerio no es la excepción. Empezamos sin nada, y durante un periodo de cuarenta años, por la gracia de Dios, hemos construido un ministerio internacional con alcance mundial a través de la televisión, otros medios de comunicación, libros, conferencias e invitaciones a predicar.

A medida que mi familia y el ministerio crecían, yo trabajaba constantemente, no solo en lo físico, sino también en lo mental al preocuparme, planificar, pensar, razonar y sopesar las enseñanzas que preparaba. La mayoría de nosotros podemos vivir de esa manera durante un tiempo, sin embargo, tarde o temprano nos va a cobrar y la vida se tornará cada vez más difícil. Recuerdo la primera vez que estuve verdaderamente enferma. No tenía energías para nada, pero a través de comer sanamente y de hacer algunos cambios en mi estilo de vida, me recuperé relativamente rápido. No obstante, no

> No podemos seguir haciendo lo mismo una y otra vez esperando tener resultados distintos.

aprendí nada de esa experiencia, así que sencillamente seguí haciendo lo que siempre había hecho, y con el tiempo me volví a enfermar. No podemos seguir haciendo lo mismo una y otra vez esperando tener resultados distintos.

JAQUECAS Y HORMONAS

En mis cuarenta, empecé a tener migrañas asociadas a cambios hormonales, y duraron más o menos diez años. Algunos expertos dicen que la falta de equilibrio en las hormonas provoca estrés; y otros dicen que el estrés causa un desequilibrio hormonal. De cualquier manera, el estrés es algo que debemos reconocer y con lo que debemos lidiar. En mi opinión, el estrés excesivo es causante de un desbalance hormonal, o si no es la causa, por lo menos magnifica el problema.

Para una mujer es muy importante tener buena salud cuando entra a los cambios de la vida. Para la mayoría, esto sucede entre los cuarenta y cinco y cincuenta y cinco años; sin embargo, en algunas mujeres empieza antes, en sus treintas o cuarentas, y para otras, se retrasa hasta los sesentas. Yo me he dado cuenta, de solo ver a mis amigas, que algunas mujeres no tienen ningún problema con el cambio. Ellas dejan sencillamente de tener sus periodos menstruales y continúan con la vida. En cambio, otras tienen muchos problemas. Los síntomas comunes son sofocos, aumento de peso, sudoración nocturna, alteraciones del sueño, cambios de humor, irritabilidad, jaquecas y simplemente no sentirse bien. ¿Por qué algunas mujeres pasan por el cambio tan fácilmente mientras otras lo sufren tanto? Creo que parte de la razón radica en la condición general de su salud cuando llega el cambio de vida y la cantidad de estrés a la que están sometidas.

> *¿Por qué algunas mujeres pasan por el cambio tan fácilmente mientras otras lo sufren tanto?*

Tuve una época muy difícil con el cambio de vida porque, cuando empezó, se me había terminado la energía y no estaba bien nutrida. Además, estaba bajo mucho estrés debido a mi pasado y al trabajo duro que requirió el inicio del ministerio. Tengo un adenoma suprarrenal o displasia suprarrenal (las glándulas suprarrenales controlan las hormonas en nuestro cuerpo). Esto significa que tengo un tumor no cancerígeno en mi glándula suprarrenal izquierda. Los doctores me han aconsejado que no me lo quite debido al peligro que eso conlleva. He leído que algunos médicos dicen que un adenoma suprarrenal no provoca ningún problema, pero mi doctor cree que sí afecta la liberación hormonal en mi cuerpo y que ha causado algunos de los problemas que he tenido.

Tengo una personalidad fuerte y muchísima determinación, así que, aunque no siempre me sentía bien, yo seguía adelante. Un doctor me dijo que mi mente era más fuerte que mi cuerpo; lo que quiso decir fue que sin importar cuán mal me sintiera o lo cansada que estuviera, yo tenía la capacidad de seguir en acción.

La única manera que conozco para describir lo que sentí durante aquellos años es que no podía relajarme, luchaba

> Mi mente era más fuerte
> que mi cuerpo.

frecuentemente con esas jaquecas terribles y estaba exhausta. Una vez más, el doctor me decía que era estrés, pero yo me negaba a tomar algún medicamento que me ayudara. Después de todo, yo era fuerte en el Señor y creía en su poder sanador, así que seguía esforzándome.

DOS CRISIS DE SALUD EN CINCO AÑOS

En 1980, tuve una histerectomía debido al sangrado y al dolor excesivos. Aproximadamente, en 1985, tuve un examen de mamas de rutina como parte del chequeo médico anual y, para mi absoluta sorpresa, descubrí que tenía un tumor canceroso. Afortunadamente, la masa era pequeña. Sin embargo, era un tumor de rápido crecimiento y dependiente de estrógeno, así que necesité una mastectomía ya que la operación era el tratamiento de elección en ese entonces. Debido a que mis nódulos linfáticos estaban limpios, no tuve que recibir radiación ni quimioterapia, por lo que estaba y todavía estoy extremadamente agradecida. Cada año, cuando escucho que mi mamografía está normal, me siento muy agradecida. Han pasado más de treinta años desde ese problema de salud específico, y le agradezco a Dios por cada uno de ellos.

La histerectomía provocó que entrara anticipadamente al cambio de vida. Debido al cáncer de mama, no podía tomar hormonas para que me aliviaran la incomodidad de la menopausia, y fue una época muy difícil para mí. Durante estos problemas de salud, nunca me detuve lo suficiente para dejar que mi cuerpo descansara o sanara adecuadamente. Trataba de relajarme cuando no estaba dando conferencias, pero incluso cuando me sentaba en una silla o me recostaba a descansar, continuaba internamente ocupada. Nunca le permitía descansar a mi alma (mi mente, mi voluntad y mis emociones). Siempre estaba pensando, planeando, preocupándome y tratando de tomar decisiones.

Para ese entonces, el ministerio había crecido más e incluso habíamos abierto sedes en varios países, aparte de Estados Unidos, debido a nuestro amplio alcance televisivo. Teníamos aproximadamente novecientos empleados, quienes necesitaban y esperaban recibir su salario, y yo no veía otra opción excepto continuar pues nuestro ingreso dependía de mis compromisos para predicar. Al menos eso era lo que yo pensaba. Durante esa época, mi calendario estaba tan lleno que raras veces me quedaba en casa por más de un par de días. Había esperado tanto por las oportunidades para enseñar la Palabra de Dios, que consideraba a cada una de ellas como una puerta que Dios me había abierto.

> *Nunca le permitía descansar a mi alma. Siempre estaba pensando, planeando, preocupándome y tratando de tomar decisiones.*

Aunque es cierto que Dios abre puertas de oportunidad para nosotros, también lo es que cada puerta que se abre no es necesariamente por donde Él quiere que nosotros pasemos. Debemos usar sabiduría en cuanto a lo que nos comprometemos a hacer o a lo que optamos por no hacer. En mi libro *In Search of Wisdom* [En busca de la sabiduría], menciono una forma en que una de mis amigas usa la sabiduría con relación a sus compromisos:

> Una vez le pregunté a una amiga, que trabajaba en el ministerio, cómo decidía cuáles invitaciones aceptaba y cuáles rechazaba para ir a predicar. Ella me dijo que antes de responder a una invitación, ella pensaba cuidadosamente en cada detalle de lo que implicaría aceptar. Pensaba en cosas como cuánto tiempo estaría alejada de su casa, cuánto tiempo y tipo de preparación necesitaría invertir, y qué tan lejos tendría que viajar.

Aunque es cierto que Dios abre puertas de oportunidad para nosotros, también lo es que cada puerta que se abre no es necesariamente por donde Él quiere que nosotros pasemos.

Aunque todas estas son preguntas de logística y no están relacionadas con el ministerio, ella tenía la sabiduría de preguntar. Si no hacemos preguntas sabias, podríamos aceptar hacer algo y luego quejarnos de ello y no querer hacerlo debido a que no consideramos los detalles que eso implicaba. Siempre es mejor orar y pensar en un compromiso antes de dar una respuesta.

En esos días, cuando mi horario estaba tan lleno, desearía haber sabido lo que mi amiga sabía. Me mantenía extremadamente ocupada, de hecho, demasiado ocupada, porque todavía no aprendía a decir que no. La gente que no puede decir "no" cuando es necesario, termina generalmente con calendarios muy cargados y experimenta los efectos del estrés. La razón principal por la que muchas personas se comprometen en exceso es porque quieren complacer a los demás, pero nosotros debemos complacer a Dios y no a las personas.

Durante aquellos años no me sentía mal siempre, pero ciertamente más de lo que debía. Me encantaba enseñar la Palabra de Dios, y todavía me gusta. Tenía muchos sueños y visiones para el futuro y tenía mucha pasión por todo lo que hacía. Cuando tenemos pasión por algo, eso nos da la determinación para hacer lo que sea necesario a fin de lograrlo. Mi gozo en poder enseñar la Palabra de Dios y ayudar a la gente era más grande que cualquier incomodidad física, así que

> *Debemos complacer a Dios y no a las personas.*

ignoraba generalmente cómo me sentía. Quizá usted pueda identificarse de muchas formas con mi historia. Estoy compartiendo abiertamente con usted sobre mi vida tras bambalinas para que, si siente lo mismo que yo, pueda saber que no está solo, que usted también puede encontrar respuestas y llevar una vida fructífera y placentera.

"Animo a las personas más jóvenes a recordar estas cosas a medida que su edad avanza:

- Hagan que su tiempo con Dios sea una prioridad diaria.
- Cuiden bien su cuerpo y ámense tal como Dios los hizo.
- Aprendan a reírse de sí mismos.
- Oren siempre, entregándole las cosas a Dios y confiando en Él.
- No vayan tan rápido y dediquen un momento para las pequeñas cosas porque los días pasan rápido.
- Hagan que la cena o algún tiempo de comida sea algo especial, donde la familia se reúna y comparta sobre su día.
- Traten de mantenerse al día con la tecnología y úsenla para su beneficio.
- Quizá tengan achaques y dolencias, pero no se obsesionen ni agobien a los demás con eso. ¡Son parte de la edad!".

—

S.C.H.

CAPÍTULO 2

APRENDA DE LA EXPERIENCIA, PARTE 2

La experiencia es el mejor maestro.

Proverbio latino

Muchas personas bienintencionadas toman decisiones que no son sabias, experimentan resultados negativos y no entienden la razón. Como pudo notar, al haber leído el capítulo anterior, yo fui una de ellas durante años. Mis intenciones eran buenas. Yo quería complacer a Dios y ayudar a la gente, pero tuve que darme cuenta de que trabajar constantemente, no tomar un día libre o unas vacaciones verdaderas, y vivir con apenas la energía suficiente para funcionar no era sostenible.

NADIE ES INVENCIBLE

Durante los años en que trabajaba muy duro y me mantenía muy ocupada, pensé erróneamente que yo era invencible, así que continué trabajando más y más duro. Cada año impartía y era anfitriona de entre veinticuatro y treinta y seis conferencias; y cada conferencia incluía de cuatro a cinco sesiones. Anualmente, escribía dos o tres libros, tenía aproximadamente veinte compromisos para predicar y oficiaba doce reuniones para nuestros empleados. También participaba en entrevistas de radio y televisión, además, autografiaba libros. Con el tiempo, añadí viajes misioneros internacionales a mi horario. En ese entonces, yo tenía tres hijos adolescentes y uno pequeño.

Al ver en retrospectiva, no tengo la menor idea de cómo pude hacer todo eso, pero disfrutaba el ministerio y sentía que mi vida era productiva. Dios bendijo el ministerio y nos dio favor, y crecimos rápidamente. Puedo decir sinceramente que todo lo que hice fue trabajar, y en cada década, sentía más los impactos de mi horario. Luego, cuando empecé a acercarme a mis años de la tercera edad, empecé a sentir el impacto de una forma distinta, como nunca antes. Era menos visionaria, me sentía cansada físicamente y mi alma estaba agotada. También estaba más estresada que nunca y la vida parecía ponerse cada vez más difícil.

Cuando cumplí sesenta y dos, finalmente empecé a hacer ejercicio, tres veces por semana, con un entrenador y me esforcé en comer más saludablemente. Empecé a sentirme mejor, así que, naturalmente, seguí haciendo lo que siempre hacía, trabajar. Durante esa época, impartí unos mensajes muy buenos sobre entrar en el descanso de Dios, pero ahora me doy cuenta de que no practicaba en mi propia vida las verdades que enseñaba en esos mensajes.

Durante esa época, también empecé a caminar diariamente cinco millas (8 km), y lo hice durante casi tres años. La caminata me daba energía, pero me esforzaba demasiado, no tomaba días libres. En ese tiempo, tuve dos reemplazos de cadera, ¡pero en el tiempo de recuperación descansaba únicamente el mínimo de lo que debía y regresaba rápidamente a la caminata, el ejercicio y el trabajo, trabajo y más trabajo!

Desearía haber tenido un buen libro sobre cómo cuidarme o haber escuchado a la gente que me decía continuamente que necesitaba descansar, pero, tristemente, no lo hice. Tuve que aprender por experiencia. Generalmente, esa es la manera más dolorosa de aprender; sin embargo, muchas veces es la más valiosa, porque raramente olvidamos las lecciones que aprendemos al atravesar situaciones.

ME DESMORONÉ

Ahora me doy cuenta de que, durante años, mi cuerpo trató de advertirme que algo andaba seriamente mal, pero yo estaba muy ocupada como para poner atención a las señales de peligro. Una mañana, en diciembre 2017, desperté y algo había sucedido en mi boca. Estaba terriblemente seca y se sentía como si estuviera quemada. Me dolía el estómago y tenía náusea. Me sentí débil y temblorosa, y mi presión sanguínea estaba muy alta. Para acortar la historia, después de ver a tres doctores (uno de ellos dijo que el problema era mental y recomendó clases sobre cómo controlar mis pensamientos) e ir al hospital, donde me hicieron todas las pruebas posibles, recibí un informe. Me dijeron que, para ser una mujer de mi edad (tenía setenta y tres), estaba muy saludable y en buena condición física, pero que tenía una fatiga suprarrenal extrema. El doctor me recetó un medicamento para ayudarme con el estrés, y yo sabía que podía arreglármelas para tomar diariamente la medicina. Sin embargo, el medicamento no era lo único que necesitaba. El doctor prescribió también descanso durante por lo menos ¡dieciocho meses! Solamente podía hacer lo estrictamente necesario, dijo, y *nada más*. Mi familia terminó teniendo que decirme qué era lo estrictamente necesario que podía hacer, porque yo pensaba que todo lo que estaba haciendo era estrictamente necesario.

La idea de descansar durante dieciocho meses puso mi mente en blanco. ¡No tenía idea alguna de cómo hacerlo! Para muchos de nosotros, el descanso debe aprenderse, no es natural. Afortunadamente, mi familia intervino y delegamos muchas de mis responsabilidades a otras personas. Dicté mis conferencias, hice mi show de televisión y escribí mis libros. También hice algunas otras cosas que solo yo podía hacer, pero aprendí principalmente cómo descansar y dejar que los demás me ayudaran. Ahora he aprendido mucho, y sigo aprendiendo. Me conozco, y aunque siempre me inclinaré hacia el trabajo, definitivamente estoy intentando mantener mayor equilibrio en mi vida. De hecho, creo que tengo actualmente el mejor horario que haya tenido en mi vida.

Usted podría sentirse magníficamente y pensar que algo como una fatiga suprarrenal nunca le sucedería, pero le aseguro que puede pasar. Dios creó el mundo en seis días y, en el séptimo, descansó (Génesis 2:2). ¡Dios descansó! ¿Cómo puede alguien que nunca se cansa necesitar un descanso? Quizá Dios nunca se cansa porque Él sí descansa. Según Salmos 121:4, Él no duerme ni se adormece; pero creo que Él vive en un estado continuo de descanso. Dios vio todo lo que había creado y declaró que era bueno (Génesis 1:31). Él tomó tiempo en ese séptimo día para disfrutar la obra que había hecho en los otros seis días. Necesitamos seguir ese ejemplo. ¿Cuál es el objetivo de pasar nuestra vida trabajando duro por algo si nunca tomamos el tiempo para gozar del fruto de nuestra labor?

Dios ordenó un descanso sabático para el pueblo de Israel. No solo el pueblo recibió la instrucción de descansar, sino que incluso la tierra tenía que descansar cada séptimo año (Levítico 25:4). Algunos de los que están leyendo esto, dirán: "Esa es una situación del Antiguo Testamento. No vivimos bajo esas leyes, porque tenemos un Nuevo Pacto bajo la gracia de Dios".

Aunque es cierto que vivimos bajo el Nuevo Pacto, el

> Dios ordenó un descanso sabático para el pueblo de Israel.

principio de la necesidad del descanso es tan válido hoy día como lo fue en la época del Antiguo Testamento. Jesús dijo: "El sábado se hizo para el hombre, y no el hombre para el sábado" (Marcos 2:27). Dios nos da el sábado como un regalo, y muchísima gente nunca lo ha destapado. Podríamos decir que le debemos a nuestro cuerpo un día de descanso a la semana para que podamos navegar los otros seis días con vitalidad y energía.

Para cuando finalmente me di cuenta de lo que me había

hecho a mí misma a finales de 2017, yo le debía a mi cuerpo cientos de sábados. Quizá usted también. Si nunca descansamos, gastamos demasiada energía en los primeros años de nuestra vida y, luego, no nos queda energía para los últimos años porque ya la hemos usado toda. Afortunadamente, Dios es un sanador misericordioso. No importa lo que hayamos perdido, Dios nos ayuda a recuperarnos. El salmista escribe: "Como palmeras florecen los justos" y "Aun en su vejez, darán fruto; siempre estarán vigorosos y lozanos" (Salmos 92:12, 14). Estoy confiando en Dios para que esta promesa sea una realidad en mi vida, y espero que usted confíe en Él para que haga lo mismo en la suya también.

HACER AJUSTES

Mientras escribo este libro, puedo ver un par de años hacia atrás y notar que he logrado algunos cambios muy positivos. Estoy mucho mejor de lo que estaba, pero sé que tengo que hacer cambios en mi estilo de vida. Me doy cuenta de que ya no tengo veinte años, o treinta o cuarenta, o incluso cincuenta o sesenta. Para cuando se publique este libro, tendré setenta y ocho años, y finalmente lo he admitido. Eso no significa que Dios haya terminado conmigo, tampoco significa que ya no puedo trabajar más. Todavía trabajo, pero ahora trabajo más inteligentemente, no más duramente. Trabajo menos de lo que he trabajado en toda mi vida y, aun así, como ministerio, por la gracia de Dios estamos produciendo más fruto y alcanzando a más personas que nunca.

La experiencia es un gran maestro. Incluso Jesús aprendió de las cosas que Él vivió. Según Hebreos 5:8-9, Él aprendió obediencia a través de las

> *Ahora trabajo más inteligentemente, no más duramente.*

cosas que sufrió, y su experiencia lo llevó a calificar para ser el autor y fuente de nuestra salvación. Él nunca fue desobediente, sino que la experiencia de ser obediente le enseñó y lo equipó. Al menos, mi experiencia me ha calificado para llevarle este mensaje y guiarlo en oración para que lo asimile.

CADA UNO TIENE UNA EXPERIENCIA DISTINTA

Todos somos diferentes, y todos experimentamos el envejecimiento de manera distinta, pero todos tenemos cambios en la piel, la estamina, el tiempo que necesitamos para recuperarnos de algunos eventos y otras cosas. Le pregunté a una mujer de cincuenta y cuatro años, que trabaja para nosotros, si había tenido algún cambio en su cuerpo en la década anterior. Ella se rio y luego dijo: "¡Claro que sí!". Me explicó que la diferencia principal que había notado es que necesita más tiempo que antes para recuperarse de ciertas actividades. Si le prestamos atención a nuestro cuerpo, nos ayudará a saber cómo y cuándo hacer cambios, pero si lo ignoramos (como lo hice yo) el resultado no es bueno.

Algunas personas tienen más energía que otras. Podrían tener un metabolismo más rápido o estar predispuestos genéticamente para tener alta energía. Hablé con nuestro pastor de personal, quien está a principios de sus sesenta años, y me dijo que la única diferencia que él ha notado en sí mismo, en comparación a sus años más jóvenes, es que su metabolismo es más lento, y que debe tener más cuidado con la cantidad y el tipo de comida que ingiere para poder mantener su peso a los niveles adecuados para él.

Creo que incluso nuestras personalidades contribuyen en la manera en que nos sentimos. Las personas que son extrovertidas y ríen mucho se sienten bien a menudo. Aquellos que son más despreocupados y no se alteran por muchas cosas, frecuentemente tienen menos estrés en comparación a quienes son nerviosos. Ellos podrían, además, tener más energía que los demás porque no la gastan innecesariamente. Dave es ese tipo de persona. Yo soy una persona agresiva tipo A, que siente la necesidad de resolver los problemas de todos, y eso requiere energía mental y emocional. Aquellos de nosotros que estamos en el ministerio tenemos que aprender que no somos los salvadores de todo el mundo. Más bien, en cada situación que enfrentamos debemos ser sabios para reconocer el papel que debemos jugar y lo que hay que hacer, y luego, apegarnos a ello. De ese modo, siempre tendremos la energía suficiente para hacer aquello a lo que hemos sido llamados. Esta es mi petición por usted, y he escrito este libro para ayudarle a lograrlo.

> *En cada situación que enfrentamos debemos ser sabios para reconocer el papel que debemos jugar y lo que hay que hacer, y luego, apegarnos a ello.*

"YA CELEBRÉ MI CUMPLEAÑOS
NÚMERO 100, Y ALGO QUE HE
APRENDIDO ES ESTO: ACEPTE
CADA DÍA COMO VENGA. NO
SE PREOCUPE POR EL FUTURO,
NI SE SIENTA MAL POR
EL PASADO".

—

A.L.S.

CAPÍTULO 3

CÓMO ENVEJECER
SIN AVEJENTARSE

No me estoy poniendo viejo, me estoy poniendo mejor.

Anónimo

Hay una historia sobre una anciana que entendía el poder de la elección. No solo ilustra los beneficios de una actitud positiva hacia cualquier situación, sino también la importancia de tomar buenas decisiones y enfocar la mente en la dirección correcta.

Esta dama tiene noventa y dos años, menuda, muy desenvuelta y respetable. Todos los días, a las ocho de la mañana, ella está completamente vestida, tiene su cabello bien arreglado y su maquillaje perfectamente aplicado a pesar del hecho de que está legalmente ciega. Hoy se ha mudado a un hogar de ancianos. La muerte de su esposo, quien tenía setenta años, provocó que esta mudanza fuera necesaria.

Después de varias horas de esperar pacientemente en el vestíbulo del hogar de ancianos, ella sonríe dulcemente cuando le informan que su habitación está lista. Mientras camina maniobrando su andador hacia el elevador, el empleado del hogar le da una descripción visual de su pequeña habitación, incluyendo las cortinas de ojal que cubren su ventana. "Me encanta", afirmó con el entusiasmo de una niña de ocho años a quien le han regalado un perrito. "Señora Jones, aún no ha visto la habitación... espere un poco", le dice el empleado.

Luego, la señora Jones pronuncia estas palabras: "Eso no tiene nada que ver", responde gentilmente. "La felicidad es algo que uno decide anticipadamente. Que me guste o no la habitación no depende de la forma en que estén organizados los muebles. Lo que importa es la forma en que yo preparo mi mente. Ya he decidido que me encantará. Es una decisión que tomé esta mañana cuando me levanté. Puedo escoger. Puedo pasar el día entero en la cama repasando la dificultad que tengo con las partes de mi cuerpo que ya no funcionan, o puedo salir de la cama y estar agradecida por las partes que sí funcionan. Cada día es un regalo, y mientras mis ojos se abran, me concentraré en el nuevo día y en todos los recuerdos felices que he guardado... justo para este momento de mi vida".

La mejor parte de esta historia es la actitud de la anciana. Ella ha decidido que le gustará su nuevo hogar antes de haberlo visto. Usted y yo podemos tener la misma actitud hacia el proceso de envejecimiento. Podemos verlo como una aventura, no como algo que significa que tenemos que sentirnos deprimidos y quedarnos sentados sin hacer nada.

No sé en qué punto de la escala de envejecimiento está usted, pero está envejeciendo. Con cada día que pasa, nos hacemos cada vez más viejos que el día anterior. El momento para empezar a tomar buen cuidado de sí mismo y tener la actitud correcta es ahora mismo. No es sabio esperar hasta llegue a la tercera edad, y varias partes de su cuerpo necesiten ser reparadas, para empezar a pensar apropiadamente sobre la vejez. Sin embargo, incluso si usted ya está en la tercera edad, nunca es demasiado tarde para empezar.

El actor Dick Van Dyke dijo: "Todos necesitamos algo que hacer, alguien a quién amar y algo por qué esperar". Cualquiera puede tener estas bendiciones. No se les van a presentar a la gente que está de brazos cruzados deseándolas, pero están ciertamente disponibles para aquellos que las buscan y las procuran.

Tener a quién amar no significa necesariamente tener un cónyuge. También podemos amar a otros familiares, amigos o conocidos a quienes ayudamos voluntariamente. Muchas personas también se benefician de tener una mascota. Todos necesitamos y queremos ser amados, y si buscamos personas a quiénes amar y le pedimos a Dios que nos las envíe, las encontraremos.

> *Todos necesitamos algo que hacer, alguien a quién amar y algo por qué esperar.*

Dick Van Dyke pareciera no haber envejecido a pesar de haber pasado por las pantallas de los cines bailando desde la década de los treinta. Él habla de que tuvo que ver con algo (lo cual yo interpreto como un sentido de propósito) que debemos hacer de manera intencional, o a propósito. Incluso cuando la gente está físicamente discapacitada, su propósito puede ser orar por los demás y animarlos. Siempre hay alguien que nos necesita, y siempre hay algo que podemos hacer por los demás.

La gente que se queda sentada en casa un día tras otro y no hace nada más que envejecer, me sorprende. Siempre podemos encontrar maneras para ser útiles si tan solo las buscamos y estamos dispuestos a intentar cosas nuevas.

Yo creo que la edad es solo un número, pero avejentarse es una actitud. La manera en que nos vemos a nosotros mismos es más importante que los años que tenemos. Quizá usted haya escuchado el dicho: "Al final, lo que cuenta no es cuántos años hayas vivido, sino cómo los has vivido".

> Yo creo que la edad es solo un número, pero avejentarse es una actitud.

Sé que tengo setenta y ocho años, pero no me quedo cruzada de brazos pensando en que ya soy vieja. Pienso en la vida que he llevado, y ha sido muy buena. Difícilmente puedo creer la edad que tengo. Llevo una vida activa, plena. Me esfuerzo en cuidarme a mí misma porque quiero durar tanto como pueda. No puedo hacer todo lo que una vez hice, y tengo menos vigor del que alguna vez tuve. La piel de mis antebrazos se ha vuelto delgada y me salen muchos moretones allí. Tengo artritis en algunas articulaciones. Sin embargo, la mayoría de estas condiciones es algo normal en el envejecimiento. Si puede identificarse con esto, entonces recuerde que estos acontecimientos no deben hacernos sentir que estamos envejeciendo y que no podemos hacer mucho. ¡La primera vez que sentí que estaba envejeciendo fue el día en que tuve que inscribirme en Medicare [seguro médico para personas mayores de 65 años]! No podía creer que estaba en la oficina de Medicare. La experiencia me pareció una pesadilla, como si estuviera viendo una película acerca de la vivencia de alguien más. Pero no lo era. Era yo, Joyce, en la oficina de Medicare, y tuve que darme cuenta de que sencillamente ya no era tan joven como me sentía en mi cuerpo o pensaba en mi mente.

Me alegro de no sentirme avejentada, y espero y ruego que nunca me pase. En este punto, estoy lidiando con el proceso de envejecimiento cada día de mi vida, pero me niego a sentirme avejentada y a pensar que mi vida terminó.

Mientras escribo este libro, mi nuera me habló sobre un estudio interesante que había escuchado con respecto a las personas de edad avanzada. Los que estaban conduciendo el estudio pusieron a varias personas de aproximadamente ochenta años en una hermosa casa de descanso que estaba decorada al estilo de la década de los setenta, porque fue en ese entonces que estas personas habrían estado en la plenitud de su vida. El resultado fue que tenían más energía, más vitalidad y más placer por la vida de lo que habían tenido antes.

La forma en que nos vemos a nosotros mismos influencia la manera en que reaccionamos al envejecimiento.

Algunos se convencen a sí mismos de que no podrán

> *La forma en que nos vemos a nosotros mismos influencia la manera en que reaccionamos al envejecimiento.*

hacer nada una vez que hayan llegado a cierta edad. Hay otros que ven cada peldaño como una bendición, y otros más que hasta ven cada cumpleaños, no solo los "importantes", como un regalo de Dios. Estas personas disfrutan su vida incluso cuando ya no pueden hacer todo lo que una vez hicieron. Ven los ajustes del envejecimiento como desafíos que aceptar y descubrir, no como obstáculos para obligarlos a dejar de vivir.

En el 2019, había aproximadamente 533 000 personas sobre la tierra que tenían más de cien años de edad, y mucho de ellos llevan una vida plena y activa. No verse a sí mismo viejo no hará que usted evite todos los problemas que acompañan el envejecimiento, pero definitivamente ayudará. ¿Quién sabe? Usted o yo podríamos vivir más de cien años. Tuve un abuelo que vivió hasta sus 102 años, así que la longevidad está en mi genealogía.

NO SE COMPARE CON LOS DEMÁS

Con el paso de los años, quizá usted no pueda hacer todo lo que hacen las demás personas de su edad, pero puede hacer algo, y es importante para todos nosotros que nos concentremos en lo que podemos hacer, no en lo que no podemos hacer. No puedo levantar tanto peso en el gimnasio como lo hacía hace quince años, pero todavía levanto una cantidad significativa, y estoy haciendo lo que puedo hacer. A veces, le digo a mi entrenador: "Recuerdo la época en que podía levantar mucho más peso en las pesas de banca". Él se apresura a decirme que esté feliz de poder hacer lo que hago, y siempre me recuerda que hago más que el promedio. Me dice que tiene clientes que son treinta años menores que yo que no pueden hacer lo que yo hago.

> Es importante que nos concentremos en lo que podemos hacer, no en lo que no podemos hacer.

Esta mañana en el gimnasio, tuve que recordarme de mi propio mensaje sobre no compararnos con los demás. Además de mí, había otras tres personas allí, todas ellas entre los veinte y veinticinco años. Dos eran hombres, así que me sentí tentada a compararme con ellos, pero me descubrí observando para ver cuánto peso estaba usando la joven mujer para sus distintos ejercicios. Ambas habíamos estado usando la máquina de pesas para las piernas, y yo estaba levantando cincuenta libras, pero noté que ella levantaba noventa. Un par de años atrás, yo podía levantar noventa libras. Sin darme cuenta, estaba comparándome, yo de setenta y ocho años, ¡con una joven de veinte!

Decidí que, si ella podía levantar noventa libras, yo podría ser capaz de al menos levantar setenta libras, así que aumenté mis pesas de cincuenta a setenta. Más tarde, Dios me ayudó a darme cuenta de que había hecho exactamente lo que le he estado diciendo a usted que no haga: ¡comparándome con alguien más! Los seres humanos tienen una inclinación de no solo ser tan buenos como los demás, sino mejores. Esta tendencia nos empuja muchas veces más allá de nuestros límites y hace que dañemos nuestro cuerpo y nuestro espíritu.

Dave tiene más energía que yo, pero somos dos personas diferentes, que han pasado por cosas distintas a lo largo de la vida. Si usted tiene la tendencia de compararse con los demás, su enemigo, el diablo, siempre se asegurará de que alguien que pueda hacer más que usted esté cerca para que lo vea. Él no llama su atención hacia todos lo que no pueden hacer lo que usted hace. Somos personas únicas, y Dios tiene planes únicos para nuestra vida, así que somos libres para ser quienes somos sin tratar de ser alguien que nunca seremos.

Pablo escribe: "Todo lo puedo en Cristo que me fortalece" (Filipenses 4:13, LBLA). No obstante, debemos darnos cuenta de que podemos hacer todas las cosas que Él quiere que hagamos, no todas las cosas que nosotros queremos hacer.

DESPRENDERSE

Jugué al golf con Dave durante veinte años hasta que empecé a tener problemas con la muñeca y el codo, y ahora ya no puedo jugar. También disfrutaba de jugar boliche de vez en cuando, y ahora ya tampoco lo puedo hacer. Aunque no puedo jugar al golf o boliche, todavía puedo escribir libros en mi computadora y preparar mensajes para enseñar en conferencias.

Ahora ya no puedo usar zapatos de tacón de tres pulgadas y media (casi 9 cm) aunque los usé hasta que me sacaron juanetes y callos en los pies. Entonces, tuve una cirugía para corregir los juanetes y me quitaron los callos. Ahora uso zapatos cómodos. ¡Es sorprendente cómo nos oprimimos a nosotras mismas solo para vernos lindas! Ahora prefiero la comodidad por encima de la belleza, a menos que pueda tener ambas cosas al mismo tiempo.

Siempre hay cosas que no podemos hacer, especialmente

a medida que envejecemos, pero también hay cosas que sí podemos hacer, y debemos concentrarnos en ellas. Podemos dejar que las cosas que una vez pudimos hacer nos depriman, o podemos decidir estar felices con lo que todavía podemos hacer.

Decir que Dave disfruta el golf sería una afirmación sumamente conservadora. A él le encanta jugar golf o incluso solo practicarlo. También disfruta ver los torneos y leer revistas de golf. No puedo pensar en algo sobre el golf que a él no le guste. Le pregunté cómo creía que le afectaría la vejez si alguna vez llegara al punto en que no podría jugar golf, y su respuesta fue: "Ya he pensado en eso y he decidido estar feliz de cualquier modo y encontrar otras cosas que hacer". El comentario de Dave representa una actitud sana hacia el envejecimiento y que nos permite ser felices en cualquier etapa de la vida. Si ya está pensando sobre algo que disfruta y se está diciendo a sí mismo: "No voy a estar muy feliz cuando tenga que dejar esto", entonces se está preparando para un tiempo triste. Usted puede evitar esos días difíciles y, en vez de eso, encontrar gozo en el futuro si sencillamente cambia de manera de pensar sobre los ajustes que tendrá que hacer a medida que envejece.

> *Una actitud sana hacia el envejecimiento nos permite ser felices en cualquier etapa de la vida.*

Concentrarse en lo que sí tiene en vez de lo que no tiene es un hábito maravilloso que puede desarrollar. El proceso de envejecimiento es parte normal de la vida, y desarrollar a tiempo la actitud mental correcta en esa dirección será útil más adelante. Sus últimos años pueden y deben ser hermosos. Un hombre dijo: "Mis arrugas representan mis recuerdos". ¡Me gusta eso!

TENGA CUIDADO CON SUS DIÁLOGOS INTERNOS

Proverbios 18:21 es un versículo poderoso que nos enseña a vigilar lo que decimos: "En la lengua hay poder de vida y muerte; quienes la aman comerán de su fruto". Debido a que las palabras están llenas de poder y nos afectan a nosotros igual que a quienes las escuchan, debemos tener cuidado cuando hablamos del envejecimiento. No diga repetidamente: "¡Me estoy poniendo viejo!". Si lo hace, se sentirá viejo y los demás lo considerarán viejo. Mientras más cómodo esté con su edad, más cómodos estarán los demás también. La manera en que usted se ve a sí mismo es la manera en que ellos lo verán. Si hay algo que ya no puede hacer, en vez de decir: "Soy demasiado viejo para eso", diga algo como: "La sabiduría me ha requerido dejar de hacer eso por mi edad, pero todavía puedo hacer muchas otras cosas".

Nuestra mente no está exenta del proceso de envejecimiento. Por eso, usted podría olvidar

> *Mientras más cómodo esté con su edad, más cómodos estarán los demás también.*

algunas cosas más de lo que olvidó alguna vez, pero le insto a no hacer afirmaciones dramáticas como: "Probablemente me está dando Alzheimer" o "Me estoy poniendo viejo y me está dando demencia senil". No permita que el temor gobierne sus pensamientos sobre sí mismo y su futuro. Aprenda a reírse de sí mismo cuando haga cosas absurdas, como me pasa a mí muchas veces. Ayer quebré dos platos en dos momentos distintos, pero no pensé: *Me estoy poniendo vieja y torpe.* Pensé: *Bueno, ¡creo que lo limpiaré!*

> *Aprenda a reírse de sí mismo cuando haga cosas absurdas.*

Todos experimentamos el envejecimiento de manera distinta. He notado que necesito más tiempo a solas que antes. Si están sucediendo demasiadas cosas al mismo tiempo alrededor de mí, puedo empezar a sentirme levemente abrumada o confundida, así que he hecho ajustes, y no me siento mal porque necesite hacerlo. Además, para mí es muy importante tener entre ocho y nueve horas de sueño cada noche. Me aseguro de hacerlo, a menos que esté en una conferencia, en cuyo caso, podría tener una o dos noches en que duermo solo seis o siete horas. Hubo una época en mi vida en que podía escribir durante doce horas seguidas y levantarme solo para ir al baño. Ahora me levanto con más frecuencia y no puedo escribir más de cinco horas al día. Muchas cosas han cambiado, pero no han afectado mi calidad de vida de manera realmente adversa. La vida puede ser igual de buena, e incluso mejor que antes, si nos desprendemos de algunas cosas. Todo dura una época, y cuando esa época se termine, no siga aferrándose a lo que ya no le beneficia.

> *Todo dura una época, y cuando esa época se termine, no siga aferrándose a lo que ya no le beneficia.*

MANTÉNGASE EN MOVIMIENTO

Me presento ante millones de personas por televisión diariamente. No quiero que me vean como vieja e irrelevante, y me propongo no proyectar esa imagen. Aunque tengo setenta y ocho años de edad, no me siento vieja y no actúo como tal.

Creo que algunas personas usan su edad como un pretexto para no hacer ciertas cosas, o incluso para provocar lástima de otros, pero eso no es sabio. Uno de los mejores consejos que puedo ofrecerle es que haga tanto como pueda durante el tiempo que pueda. He escuchado que mientras más nos movemos, más podemos movernos, y mientras menos nos movamos, menos podemos movernos. Por lo tanto, incluso mientras escribo, me levanto y camino un poco una vez cada hora. Camino por la casa y hago unos estiramientos leves para que mi cuerpo no se vuelva rígido.

Un doctor me dijo que el sedentarismo está considerado como el nuevo cáncer. Lo que él quiso decir es que estar sentado durante muchas horas seguidas está destruyendo la salud de la gente y dañando su cuerpo. Dios nos dio cientos de articulaciones en todo el cuerpo para que pudiéramos movernos, así que ocupémonos en usarlas. Si puede, suba las escaleras en vez de tomar el elevador. ¡La caminata puede beneficiarlo! Nuestra tendencia natural es encontrar la manera más fácil para hacer todo lo que hacemos, pero quizá, el hecho de que ciertas cosas son más fáciles hoy día de lo que fueron antes, sea parte de nuestro problema.

> *Haga tanto como pueda durante el tiempo que pueda.*

La mayor necesidad de algunas personas es moverse y ser más activas. Cualquiera que mantenga un estilo de vida sedentario tiene mayor riesgo de cáncer, depresión, ansiedad y enfermedad coronaria, así como de otras condiciones. El uso generalizado de las computadoras y los medios sociales ha provocado que nos mantengamos sentados más que nunca.

> *Cualquiera que mantenga un estilo de vida sedentario tiene mayor riesgo de cáncer, depresión, ansiedad y enfermedad coronaria, así como de otras condiciones.*

Aunque sinceramente aprecio la tecnología moderna, debemos seguir moviéndonos y no permitir que esta nos obligue a sentarnos demasiado. Cuando consideramos lo activos que debemos ser, es sabio usar moderación y encontrar un equilibrio. Demasiado ejercicio y esfuerzo puede ser dañino para las personas de la tercera edad, pero muy poco es igual de perjudicial.

Estoy consciente de que muchos no tienen otra opción que no sea ser sedentarios debido a problemas de salud, pero muchos de los que usan silla de ruedas pueden hacer algunos ejercicios para la parte superior del cuerpo. ¡Debemos mover todo lo que sea movible! Cuando estaba recuperándome de mis cirugías de cadera, tuve un entrenador que venía a mi casa tres días a la semana y yo hacía mis ejercicios para la parte superior de mi cuerpo con bandas elásticas largas especiales. ¡Yo no quería dejar de moverme!

Quiero animarlo a eliminar los "no puedo" de sus pensamientos y conversaciones. En vez de desarrollar el hábito de decir: "No puedo", trate de decir: "Hacer eso no sería prudente para mí en esta etapa de mi vida". Decirles con mucha frecuencia a las personas que usted ya no puede hacer esto o aquello porque está viejo, dejará una huella en su mente y en la de los demás.

> En vez de decir: "No puedo", trate de decir: "Hacer eso no sería prudente para mí en esta etapa de mi vida".

Ninguno de nosotros sabe con seguridad cuántos años vivirá, pero algo es seguro: Tener una actitud saludable hará que todos esos años valgan la pena.

"MUCHAS PERSONAS
VENDRÁN Y SE IRÁN EN EL
CURSO DE LA VIDA, PERO LAS
RELACIONES CON DIOS Y CON
LA FAMILIA PERMANECEN Y
DEBEN SER ALIMENTADAS,
NUTRIDAS Y CULTIVADAS
CONTINUAMENTE".

—

D.F.

CAPÍTULO 4

CÓMO RETRASAR EL PROCESO DE ENVEJECIMIENTO

Cuidarse a uno mismo es darle al mundo lo mejor de sí, no las sobras.

Katie Reed

No podemos detener el proceso de envejecimiento porque es parte del ciclo de la vida, pero podemos retrasarlo al empezar a cuidarnos anticipadamente. Para algunas personas, la idea de cuidarse a sí mismas les parece egoísta, pero el cuidado de uno mismo en realidad es lo contrario al egoísmo. Si no nos cuidamos, con el tiempo tampoco podremos cuidar de otros.

Muchas veces, la gente comete el error de pensar que estará bien sin muchas de las cosas que realmente necesita. Puede sacrificar el tiempo que tienen planificado para hacer ejercicio a fin de hacerle un favor a un vecino. O, a pesar de que limpiar la casa se ha vuelto difícil para ellos, no gastan dinero para obtener la ayuda necesaria a fin de cumplir con esa tarea porque quieren ayudar a su hijo adulto a comprarse un carro.

Aunque puede ser cierto que las personas puedan sobrevivir físicamente sin ciertas cosas, negarse a sí mismas excesivamente, con el tiempo, disminuirá su gozo y las afectará de manera negativa en muchas formas. A menudo escucho a las personas decir: "Yo siempre me pongo de último" o "Puedo vivir sin eso. Prefiero dárselo a alguien más". Aunque esta actitud puede ser noble bajo las circunstancias adecuadas, si llega demasiado lejos, puede provocar una crisis en su salud mental, física y emocional. Negar que tenemos necesidades legítimas es una tontería, y no es una manera sensata de vivir. Todos tenemos necesidades, y si no se cubren durante mucho tiempo, los resultados pueden ser desastrosos.

El mejor regalo que puede darle a su familia, a sus amigos y al mundo que le rodea es que usted esté saludable. Por ejemplo, si una madre en su casa siempre está agotada físicamente, agobiada mentalmente, seca espiritualmente y desgastada emocionalmente, a causa de ese sobreesfuerzo, los demás miembros de la familia se ven despojados de la madre que quieren y necesitan. Ella podría pensar que está haciendo lo mejor por su familia mientras se consume a sí misma al cuidar de ella y de todos los demás; sin embargo, es un error enorme y, con el tiempo, cobrará su cuota sobre toda la familia, incluyendo a la madre misma.

Aprender a decir "no" cuando es apropiado es extremadamente útil para prevenir el envejecimiento prematuro. Cuando veo a las personas en sus cuarenta, que se ven más viejas que algunas en sus setenta, pienso que es por una de dos razones: o más bien han llevado una vida muy difícil o no han tenido cuidado de sí mismas.

La vida de algunas personas es difícil, y dejan de cuidarse apropiadamente porque nunca aprendieron a decir que no. Han hecho demasiado por muchísimas personas y no les queda energía para descansar, relajarse y disfrutar su propia vida. Muchas personas que hacen demasiado por los demás encuentran su valor y su sentido de propósito en "hacer" algo por los demás. Ser generosos y útiles para los demás es una cualidad maravillosa, siempre y cuando suceda dentro del contexto de una vida equilibrada que también permita suficiente tiempo para el cuidado personal. Estas personas pueden ser sabias para reconocer cuando se sienten tentadas a ganar aceptación o sentirse relevantes debido a lo que hacen por los demás, y deben preguntarse si lo que están haciendo es la voluntad de Dios para ellas. Si no lo es, necesitan tener la valentía para decir "no".

Cuando la gente quiere escuchar un "sí", y en vez de eso obtiene un "no", generalmente no están contentas con eso, pero decir "no" cuando lo necesita puede ayudarle a vivir más tiempo y a disfrutar de mayor vitalidad. Dios nunca nos carga más de lo sensato, e incluso cuando nosotros no estamos cuidando nuestro futuro, ¡Él sí lo está!

CINCO MANERAS SENCILLAS PARA AYUDAR A DILATAR EL PROCESO DE ENVEJECIMIENTO

Cuando pensamos en el envejecimiento, debemos recordar que cada parte y función de nuestro cuerpo envejece: los dientes, la piel, los órganos internos, los huesos, el cabello, los ojos, la audición y todo lo demás. Hay algunas cosas sencillas que podemos hacer y ayudarán a retrasar el proceso, pero no podemos evitarlo por completo. El mercado está lleno de remedios contra el envejecimiento, y aunque algunos pueden ayudar, nada detiene el avance del tiempo. Yo recomiendo que haga todo lo que pueda para verse y sentirse tan joven como sea posible, aunque de todos modos va a envejecer. El envejecimiento puede ser una época maravillosa de su vida si usted ve el proceso adecuadamente. A continuación, cinco sugerencias sencillas.

1. Duerma entre siete y ocho horas cada noche, o más si lo necesita.

Usted podría pensar que no hay forma en que pueda hacer eso, pero puede hacer cualquier cosa si es lo suficientemente importante para usted. Quizá tenga que decir "no" a algo más, que realmente quiere hacer, para poder dormir el tiempo que necesita. Dormir y descansar apropiadamente le ayudará a envejecer más lentamente y a sentirse mejor en la medida que lo ponga en práctica.

2. Tome ocho vasos de ocho onzas de agua diariamente.

Tome en cuenta esta información y entenderá rápidamente por qué tomar agua es muy importante:

- El cuerpo humano de un adulto está compuesto en un 60% de agua.

- El cerebro y el corazón se componen de un 73% de agua.
- Los pulmones, de aproximadamente un 83% de agua.
- La piel es 64% agua.
- Los músculos y los riñones son 79% agua.
- Incluso nuestros huesos contienen agua, ¡31% para ser exactos!

Si vive en un clima seco, necesita tomar aun más de ocho vasos de agua diarios. Yo viajo de vez en cuando a Park City, Utah, donde la altitud es elevada y el clima, seco; y cuando estoy allá, casi duplico mi ingesta de agua. La única desventaja de eso es que paso mucho más tiempo en el baño. Sin embargo, si no bebo mucha agua, mis ojos y mi nariz se resecan, me dan dolores de cabeza y mi piel se vuelve muy seca. No estoy obligada a tomar tanta agua, la decisión es personal, pero tomar agua en abundancia parece ser más fácil que soportar los efectos secundarios incómodos con los que tendría que lidiar si dejara de hidratarme apropiadamente.

Es obvio que la deshidratación daña nuestro cuerpo e impide que funcione a su máxima capacidad. Conocí recientemente a un hombre que me dijo que solía tomar al menos doce tazas de café al día y que casi nunca bebía agua. Él acaba de entrar en sus cuarenta y decía que se sentía bien. Pero después de educarse un poco en la importancia del agua, hizo un cambio y empezó a beber más agua y menos café. Está sorprendido de lo mucho mejor que se siente. Es totalmente posible que la gente pueda pensar que está bien, pero no tiene idea de lo que es verdaderamente sentirse bien.

Nuestra sociedad ofrece muchos substitutos para el agua, lo que facilita demasiado elegir bebidas azucaradas, llenas de químicos, en vez de agua pura y saludable. Cuando la gente dice que no le gusta el agua (lo que me dijo el hombre que tomaba doce tazas de café al día), la razón es generalmente que no tiene formado el hábito de beber agua. Si no tomamos suficiente agua, nuestra piel envejecerá más rápidamente, y muchas otras funciones del cuerpo podrían operar a un nivel inferior o hasta enfermarse. A mi padre no le gustaba el agua, así que no la bebía, y murió de una insuficiencia renal.

3. ¡Haga ejercicio!

Si no le atrae ir al gimnasio, entonces, por lo menos salga y haga algún tipo de ejercicio físico como caminar o manejar bicicleta. Los ejercicios con pesas le ayudan a mantener sus huesos fuertes. Si por alguna razón, no puede levantar pesas, hay muchas otras opciones, incluyendo el ejercicio en el agua, donde es fácil moverse, pero sigue siendo muy beneficioso para su cuerpo; además, hay clases que le brindarán flexibilidad y equilibrio sin esforzar excesivamente sus articulaciones o sus músculos. Si desarrolla el hábito del ejercicio, con el tiempo, lo disfrutará y lo extrañará si por alguna razón tiene que faltar. Nuestros cuerpos ansían aquello que les damos. Dele al suyo aquello que lo hará fuerte y sano, y eso es lo que su cuerpo anhelará.

Dave ha estado ejercitándose regularmente con pesas

> *Nuestros cuerpos ansían aquello que les damos. Dele al suyo aquello que lo hará fuerte y sano, y eso es lo que su cuerpo anhelará.*

durante cincuenta y cinco años, y se ve magníficamente. Tiene ochenta y un años y se ve como si tuviera más o menos sesenta y cinco. Su piel está muy bien cuidada debido a que el ejercicio que hace manda oxígeno y otros nutrientes para mantenerla saludable. El ejercicio mejora la circulación, lo cual es bueno para nuestra piel, sistema cardiovascular y otros órganos.

Recuerde, tenemos que seguir moviéndonos si queremos seguir en movimiento. Es fácil pensar que no tenemos tiempo para hacer ejercicio, pero, repito, hacemos espacio para lo que es importante para nosotros. Por muchos años decía que no tenía tiempo para hacer ejercicios, así que solo lo he estado haciendo con regularidad por quince años. Decir que no tenía tiempo era solo una excusa para no hacerlo, y ahora me doy cuenta de eso. Desearía haber empezado mucho antes, tal como le estoy animando a hacer, pero desear no nos deja nada. Solamente la acción apropiada en el momento apropiado trae los resultados que queremos.

Edward Stanley dijo: "Aquellos que piensan no tener tiempo para el ejercicio físico, tarde o temprano tendrán que hallar tiempo para la enfermedad".

> *Tenemos que seguir moviéndonos si queremos seguir en movimiento.*

4. Cuide bien su piel y sus dientes

Limpie su rostro en la mañana y en la noche y manténgalo humectado, así como también al resto de su cuerpo. Conforme envejecemos, nuestra piel se arruga y se vuelve más seca, delgada y con menos elasticidad. No pase mucho tiempo bajo el sol, porque esa es una manera segura de desarrollar arrugas y hasta manchas oscuras en la piel más adelante en la vida. Sin embargo, si pasa tiempo bajo el sol, asegúrese de usar un protector solar. Hace poco hablé con una dermatóloga que me dijo que usar protector solar es una de las cosas más importantes que podemos hacer para proteger nuestra piel. Incluso el brillo solar que atraviesa la ventanilla de un vehículo puede dañar la piel si no nos protegemos del sol.

No se acueste con el maquillaje puesto. Limpie y humecte su rostro, y deje que se recupere y sane durante la noche. Si puede pagar faciales profesionales con regularidad, son una buena inversión. Si no puede, entonces compre productos que estén dentro de su presupuesto y haga todo lo que pueda para cuidar su piel en casa. Coco Chanel dijo: "La naturaleza te da el rostro que tienes a los veinte, depende de ti merecer el rostro que tengas a los cincuenta".

Lávese los dientes a conciencia por lo menos dos veces al día y use hilo dental, cepillo dental, palillos de dientes o *Waterpik* por lo menos una vez al día para asegurarse de que no hay residuos de comida entre los dientes. Cepillarse con regularidad ayuda a evitar las caries y mantiene sanas las encillas, lo que le ayuda a no perder los dientes. Los trabajos dentales son caros y pueden ser incómodos, así que le animo a que le dé prioridad al cuidado de sus dientes.

5. *Coma una dieta saludable*

Coma carnes magras, mucho pescado, granos enteros y montones de vegetales y frutas frescas. Evite el exceso de carbohidratos vacíos como: pan, galletas saladas, nachos o papalinas, pasteles y postres. Limite su ingesta de azúcar y cafeína. ¡No coma de más! Tener demasiado sobrepeso es, al fin de cuentas, dañino en muchas formas y contribuye a la fatiga. Cerca de dos tercios de estadounidenses tienen sobrepeso; quizá eso ayude a explicar la razón por la que muchas personas están enfermas.

Tome vitaminas y suplementos con regularidad. Nuestra fuente de alimentación muchas veces carece de algunas de las cosas que necesitamos debido a la manera en que se cultiva o procesa la comida. Un médico me dijo que tomar vitaminas no servía para nada, excepto para tener una orina cara. Su opinión era que tomar vitaminas no tenía valor alguno. Sin embargo, miles de otros profesionales de la salud estarían en desacuerdo con él.

He sentido lo que sucede cuando nos falta una vitamina u otro nutriente necesario, y he visto cuán rápido podemos recuperarnos de un síntoma desagradable una vez que recuperamos el nutriente. Tener niveles bajos de las vitaminas del complejo B puede hacer que estemos cansados. Si estamos deficientes en vitamina B_{12}, podemos llegar a tener anemia; si el potasio está bajo, nos puede debilitar y tener un ritmo cardíaco anormal. Es interesante estudiar lo que cada vitamina y nutriente hace por nuestro cuerpo. Luego, puede cooperar con su médico para asegurarse de que está recibiendo las vitaminas y los minerales que su cuerpo necesita.

RÍA Y DIVIÉRTASE

Se ha comprobado científicamente que la risa mejora nuestra salud. La Biblia dice: "El corazón alegre es buena medicina"

(Proverbios 17:22, LBLA) y "el gozo del Señor es nuestra fortaleza" (Nehemías 8:10). Es importante reír y disfrutar la vida
porque nos ayuda a mantenernos sanos y jóvenes. Acabo de
leer que el promedio de risas de un niño de cuatro años es
cien veces al día, y el promedio de un adulto es solamente
cuatro veces al día. No puedo garantizar la exactitud de esta
afirmación porque veo opiniones distintas en lo que leo; sin
embargo, sin excepción, todos dicen que los niños ríen mucho
más que los adultos. Podemos pensar: *Por supuesto que lo hacen,
no tienen nada de qué preocuparse.* Pero según Dios, nosotros
tampoco tenemos nada de qué

> *El promedio de risas de un
> niño de cuatro años es cien
> veces al día, y el promedio
> de un adulto es solamente
> cuatro veces al día.*

preocuparnos, porque Él quiere
cuidar de nosotros si confiamos
en que puede hacerlo. Aprender a echar nuestras preocu-
paciones sobre Dios es parte
de aprender a cómo descan-
sar internamente, y hablaré de eso más adelante en este
libro.

Cuando yo estaba en la escuela primaria, nuestro horario
incluía diariamente la hora de recreo, un período de quince
minutos para jugar o para hacer lo que quisiéramos. Cuando
asistí a la escuela secundaria, el recreo desapareció repentinamente, sin aviso, y ha estado perdido desde entonces. Quizá
todos estaríamos mejor si todavía tuviéramos un periodo de
recreo diario. Algunos estados eliminaron el recreo para los
niños de nivel primario, pero algunos de esos se dan cuenta
ahora de que los niños lo necesitan y funcionan mejor si lo
tienen, así que están reinstituyéndolo. Es bueno para todos

nosotros, no solo para los niños, apartar un tiempo para jugar y divertirnos.

Algunas personas son sencillamente más divertidas que otras, y yo recomiendo mucho tener al menos dos o tres amigos que tengan buen sentido del humor y que puedan hacerle reír. Conozco a alguien que una vez compró un libro lleno de cosas divertidas que la reina de Inglaterra ha hecho y dicho. Esta persona vive sola y tiene un empleo que requiere que esté sola mucho tiempo y, a veces, ella lee algunas páginas del libro solo para reírse. Lo animo a que usted también encuentre formas para reír y darle prioridad a la alegría.

Otros, que se ven mucho más viejos de lo que son han llevado vidas difíciles y una actitud mala que los acompaña. Son negativos sobre casi todo y, hablando de manera general, tienen una actitud amargada y sienten lástima de sí mismos. Creo que cabe decir que las dificultades en su vida no hicieron que se envejecieran más rápido, sino que fue la actitud. Aquellos que enfrentan grandes retos en la vida, los usan para fortalecerse. Aprenden de ellos y disfrutan cada día sin importar lo que traiga y mantienen una actitud positiva en todo. La gente feliz vive más tiempo y mejor que los inconformes.

USE SU CEREBRO

Continúe aprendiendo para mantener su cerebro activo. Lea, vea documentales, tome clases, haga crucigramas o lo que escoja para mantener su cerebro curioso y conectado con la vida. Adicionalmente, edúquese en distintos temas. Nunca se

es demasiado para seguir aprendiendo. Mantener su cerebro
activo hará que usted se sienta mejor y retarde el deterioro
mental a medida que envejece. Además, participa en la pro-
tección de las conexiones entre las células cerebrales y, quizá,
hasta ayude a producir nuevas. ¿Recuerda el antiguo dicho:
"O lo usa o lo pierde"? Tal vez esta máxima aplique a su cerebro tanto como aplica a otras cosas.

Muchas personas deciden jubilarse a cierta edad, lo
que les da tiempo para hacer cosas que disfrutan. Algunos
viajan, otros se dedican a ayudar a sus hijos adultos y a sus
nietos, otras sirven como voluntarios en sus iglesias y comu-
nidades, y otras más se dedican a sus pasatiempos.

Aunque no está en mis planes jubilarme oficialmente,
estoy consciente de que otras personas lo hacen. La jubilación
les permite reestructurar sus horarios y les da el tiempo que
una vez usaron para llegar al trabajo para dedicarse a otros intereses. Esta es una oportu-nidad maravillosa para seguir aprendiendo.

> *La jubilación es una oportunidad maravillosa para seguir aprendiendo.*

Leí sobre una mujer que había vivido en la misma ciudad
casi toda su vida y había sido empleada de la municipalidad
durante más de cuarenta años. Ella amaba su ciudad y cono-
cía casi todo lo importante que había sucedido allí a lo largo
del tiempo, aun así, sabía muy poco sobre su historia durante
el periodo de la Guerra Civil hasta los inicios del siglo xx.
Cuando se jubiló, lo primero que hizo fue tomar una clase de
historia que impartía un historiador local. Aunque ya no servía a su ciudad activamente a través de su empleo, encontró

una nueva manera de conectarse con ella y de apreciarla. Es una de las incontables personas que convirtieron su retiro en una ganancia en vez de una pérdida. Cuando terminó su clase, sabía mucho más sobre la ciudad que amaba.

Mientras escribía este libro, me encontré una historia que también nos anima a seguir aprendiendo, sin importar la edad que tengamos:

El estudiante llegó temprano, se sentó en el centro de la primera fila, y sobresalía en mi salón de clase en varias maneras. Diría que tenía unos cuarenta años más que sus compañeros de clase en mi cátedra universitaria sobre comunicaciones en la universidad del Estado de California, en Los Ángeles. Él participaba con entusiasmo de las discusiones en clase, con su humor autocrítico y sabia experiencia. Siempre respetaba las perspectivas de los demás estudiantes, como si cada uno de ellos fuera un maestro. Jerry Valencia entraba con una sonrisa, y también se iba sonriendo.

"Estos estudiantes me dieron la confianza de que no necesito sentirme mal por mi edad", cuenta Valencia.

Un día, vi a Valencia en la universidad. Dijo que tendría que dejar de tomar clases ese semestre y volver a solicitar ingreso para el año entrante. Esperaba que, para entonces, habría ganado suficiente dinero haciendo trabajos de construcción y tener sus papeles de estudiante en orden. Sin embargo, hizo saber que todavía iba a seguir llegando al campus para asistir a los eventos o ver a sus amigos. Él preguntó modestamente si todavía podía entrar a mi clase sobre comunicaciones.

"Por supuesto", le dije. Pero que no iba a recibir ningún crédito.

"No hay problema", respondió.

Pronto, allí estaba de nuevo, de regreso en su antiguo escritorio, primera fila, al centro, participando en nuestras discusiones sobre cómo encontrar y contar historias en Los Ángeles, un universitario de tercer año de la universidad de California con tanta energía y curiosidad como cualquiera de los jovenzuelos de la clase.

Para una tarea sobre los cambios en los vecindarios, Valencia escribió sobre una cadena de restaurantes local y favorita que fue "cerrada abruptamente". Lo llamó un acontecimiento "estremecedor" y un atraco a la niñez. "Es casi como si alguien les hubiera robado esa niñez reemplazándola con una cuesta resbalosa donde todo lo que amaban desaparecía como cayendo por un tobogán", escribió él.

Aparentemente, muchos de los compañeros de clase de Valencia sabían que él no podía pagar la matrícula de ese semestre, pero todavía hacía los trabajos del curso.

"Allí está él, dispuesto a tomar una clase por el gusto y el beneficio de aprender", apunta Jessica Espinosa, una joven de 25 años estudiante universitaria del tercer año. "Eso no se ve en nuestra generación".

Valencia también se presentó a tomar el examen final. Después, los estudiantes estuvieron tratando de resolver la vida durante una conversación, y escuché a distancia que Valencia dijo que él quería quedarse en la universidad hasta obtener su maestría, pero que le había tomado doce años terminar los años básicos, así que tenía un gran camino por recorrer.

¿Doce años?

Estuvo entrando y saliendo de la universidad, contó, debido a su horario de trabajo y de si tenía el dinero para las clases. Había ganado durante el verano su grado de Asociado en artes, luego se trasladó a la universidad del Estado de California en Los Ángeles para empezar con su licenciatura.

Yo necesitaba escuchar más.

Al momento, Valencia vivía en una casa móvil. Cuando llegué, me saludó y me sirvió una taza de café.

Me mencionó que su papá había trabajado en una planta donde se fabricaba ladrillo y en una ensambladora de vehículos. Su madre trabajaba en la casa. La mayoría de sus siete hermanos no fueron a la universidad y ninguno de los otros terminó la carrera. Valencia está determinado a ser el primero, a pesar de haber empezado tarde.

Dijo que él fue un estudiante promedio que tenía problemas con matemáticas y fue a la facultad comunitaria un año después de graduarse de la secundaria, pero decidió rápidamente que eso no era para él.

Entró a trabajar en la construcción y luego en la industria de seguros, pero siempre le había gustado escribir y hacer crucigramas. "Y me encantaba leer. Mucho", expresó.

También le encantaba ver el programa *Jeopardy!* con su madre, y bromeaba diciendo que, si uno de ellos ganaba la lotería alguna vez, o si llegaba a ser uno de los participantes del programa, usaría las ganancias para ir a la universidad.

Fue cerca de 2007, contó Valencia, que se cansó de decirse a sí mismo que iba a regresar. Le dijo a su madre que finalmente era en serio.

"Cuando volví a estudiar, ella me dijo: 'Espero que lo logres, Jerry'. Y yo le respondí: 'Lo voy a lograr, mamá. Lo voy a lograr'".

El plan era sacar el máximo rendimiento de su experiencia en construcción y estudiar ingeniería civil. Pero descubrió otros intereses.

"No era el estudiante más joven", recordó Grant Tovmasian, entrenador del grupo de oradores y debate al que se unió Valencia. "Pero era el más motivado y el más dedicado".

Tovmasian relató que Valencia era un gran colaborador en oratoria, animando a los otros estudiantes e inspirándolos con su deseo de educarse y llevar una vida más gratificante.

La hermana de Valencia, Sindi Majors, explicó que su hermano siempre fue brillante, pero que pasó por un par de momentos difíciles en su vida.

"Es prácticamente un indigente", recalcó Majors, una electricista jubilada. Ella le compró una casa móvil para ayudarlo, y allí es donde él vivió desde 2009 hasta 2018.

Hay algo espléndidamente irracional acerca de la determinación de Valencia para obtener un grado de cuatro años y luego una maestría. Al paso que va, tendrá 90 años cuando pueda finalmente colgar ese papel en la pared.

Sin embargo, eso no parecía especialmente relevante. Toda la energía juvenil y la oportunidad académica parecían estimularlo.

La calificación de Valencia en mi clase este semestre no estará en su expediente académico. Pero le estoy dando un 100, y en las maneras más importantes, eso cuenta. (Steve Lopez, "A Man in His 60s Working towards His Masters Proves That You're Never Too Old to Learn" [Un hombre a más de sus 60 años yendo tras su maestría demuestra que uno nunca está demasiado viejo para aprender], *Reader's Digest*, 21 de enero, 2020; publicado originalmente en un formato distinto en *Los Angeles Times*, 5 de diciembre, 2018).

MANTÉNGASE AVISPADO

¿Por qué los músicos y bailarines practican hasta más de lo que actúan? La práctica es lo que los mantiene activos y en perfecta forma en sus habilidades y talentos. Si nunca

> *Alimente su mente y cuerpo con cosas que los fortalezca y los nutra, y continuarán sirviéndole bien incluso a medida que envejecen.*

practicaran, su actuación sufriría. De igual manera, si no usamos nuestro cerebro a menos que nos veamos forzados a hacerlo, podríamos descubrir que cuando realmente lo necesitamos, no está funcionando bien. Lo mismo sucede en lo físico; si no los usamos, nuestros músculos empiezan a encogerse y atrofiarse.

Mantenga su cuerpo y mente activos. Aliméntelos con cosas que los fortalezca y los nutra, y continuarán sirviéndole bien incluso a medida que envejecen.

MANTENGA LAS CONEXIONES SOCIALES

Algunas personas dicen que prefieren estar solas y no les interesa mucho estar cerca de otros, pero tal actitud al final es dañina. Nos necesitamos unos a otros incluso si preferimos no ejercer el esfuerzo requerido para tener buenas relaciones y mantenerlas. Hablar y escuchar son buenos ejercicios que nos ayudan socialmente. La mayoría de la gente tiene anécdotas interesantes de su vida si nos tomamos el tiempo para escucharlas. Escuchar es una manera de mostrarle aprecio a otras personas.

Un día, nuestra hija fue de compras. Cuando salió de la tienda y se dirigía a su vehículo, tuvo que esperar en la acera hasta que pasaran algunos carros. Un caballero anciano también esperó allí, y empezó a hablar con ella. Nuestra hija tenía varias diligencias que hacer ese día y quería irse para poder llevarlas a cabo, pero estaba consciente de que el hombre necesitaba a alguien que simplemente lo escuchara por un momento. Ella se quedó allí unos quince minutos y lo dejó hablar. Probablemente nunca lo volverá a ver, pero escucharlo fue bueno para ella y para él. Darle su tiempo a él pudo haber sido más importante que cualquier otra cosa que tuviera planeada para ese día.

Haga todo lo que pueda, tan pronto como pueda, para cuidar de sí mismo, y le rendirá recompensas a medida que envejece.

"ME HE DADO CUENTA DE QUE UNA DE LAS COSAS MÁS INTELIGENTES QUE PODEMOS HACER CONFORME VAMOS ENVEJECIENDO ES CONSTRUIR RELACIONES CON LAS PERSONAS MÁS SABIAS QUE PODAMOS ENCONTRAR Y HACERLES TANTAS PREGUNTAS COMO ELLOS ESTÉN DISPUESTOS A RESPONDER".

—

B.C.

CAPÍTULO 5

ENCUENTRE SU NUEVA NORMALIDAD

Cuando ya no tenemos la capacidad para cambiar una situación, nos vemos desafiados a cambiarnos a nosotros mismos.

Viktor Frankl

Normal significa usual, y si hacemos lo que la gente que nos rodea hace generalmente, tendemos a pensar que somos normales. Sin embargo, he aprendido que todos tenemos nuestro propio y único tipo de normalidad, y a medida que entramos en las diferentes etapas del proceso de envejecimiento, con frecuencia tendremos que hallar una normalidad nueva. Las cosas que eran completamente normales para nosotros durante una época de la vida podrían ser imprudentes o hasta imposibles en otros momentos.

> *A medida que entramos en las diferentes etapas del proceso de envejecimiento, con frecuencia tendremos que hallar una normalidad nueva.*

Cuando los problemas de salud o envejecimiento hacen necesario un cambio en ciertos aspectos de su vida, trate de ver esos ajustes como una aventura en lugar de una pérdida. Recuerdo una vez cuando, debido al crecimiento del ministerio, algo que yo no quería que cambiara en mi vida tuvo que cambiar. Cuando me quejé de la situación con una amiga sabia, ella dijo: "Vas a tener que acostumbrarte a una nueva normalidad. Lo que es bueno para ti en este momento de la vida es tu nueva normalidad".

Tener la actitud adecuada puede marcar una gran diferencia en lo fácil o difícil que es el cambio para nosotros. Nuestra perspectiva, o la manera en que pensamos acerca de las cosas, tiene el poder para ayudarnos ya sea para disfrutar el cambio o resentirlo y resistirlo. Cuando el cambio viene, lo primero que debemos hacer es cambiar nuestra manera de pensar sobre el cambio. La gente que se niega a cambiar nunca crecerá.

Recuerdo cuando Dave y yo recogíamos el correo del ministerio. En una mañana como muchas otras, fuimos a nuestra casilla postal, recogimos la correspondencia que llegó, fuimos a una cafetería, y abrimos y leímos las cartas. Durante esos años hacíamos casi todo para mantener el ministerio a flote. Yo respondía el correo usando una máquina de escribir. Hacía todas las entrevistas y la contratación de los empleados nuevos. Entre Dave y yo tomábamos cada decisión que debía tomarse.

> *La gente que se niega a cambiar nunca crecerá.*

En aquel entonces, un día normal para nosotros significaba levantarnos y llegar a la oficina antes de las 9:00 a. m., y quedarnos allí durante todo el día. Esa clase de horario sería anormal para nosotros ahora. No solo sería anormal, sino que también sería malo para nosotros porque nos impediría hacer lo que debemos estar haciendo en esta época de nuestra vida.

A lo largo de los años, especialmente en los últimos cinco, Dave y yo hemos necesitado hacer cada vez menos. Ya no estamos tan jóvenes como antes, y debemos descansar más de lo que descansábamos años atrás. Ahora, estoy en mi oficina de tres a cinco días al mes. Hago la mayor parte de mi trabajo en casa, preparando enseñanzas y escribiendo libros.

También viajamos con regularidad, pero no tanto como antes. Durante mucho tiempo, hacíamos típicamente treinta y seis conferencias al año, más entre quince y veinte compromisos para predicar. Mi nueva normalidad es doce conferencias y escribir dos o tres libros al año; hacer mi programa de televisión en el estudio en la oficina y asistir a quizá un total de otros doce eventos, incluyendo reuniones de junta directiva, planificación, capilla con el personal y otras actividades que requieren nuestro tiempo. Sin embargo, como ya he mencionado, estoy sorprendida de que estamos alcanzando a más personas a pesar de que estamos trabajando menos que en cualquier otro punto de nuestra vida.

Recuerdo cuán difícil fue para nosotros tomar la decisión de hacer veinticuatro conferencias al año en lugar de treinta y seis. Significaba que teníamos que confiar más en Dios, porque hacer menos conferencias iba a generar menos ingresos.

Cuando disminuimos de veinticuatro a dieciocho, también fue desafiante para nosotros, como lo fue cuando estábamos haciendo una reducción de dieciocho a doce.

Aprendimos una lección poderosa mientras orábamos y nos esforzábamos en actuar con sabiduría en lo que se refería a nuestras conferencias, que son compromisos grandes que requieren de nuestro tiempo y energía. Aprendimos que seguir la guía de Dios en cuanto al tiempo correcto para cualquiera de los cambios que hacíamos es muy importante, porque a donde Dios guía, Él también provee siempre. Cada vez que reducíamos el número de conferencias en nuestro horario, el ingreso que necesitábamos continuaba entrando ya que Dios es nuestra fuente, no las conferencias.

DELE TIEMPO

Cada vez que hacíamos cambios grandes se sentía anormal al principio, pero a medida que nos dábamos tiempo a nosotros mismos para ajustarnos, llegábamos a estar más acostumbrados. Con optimismo, hasta empezaba a gustarnos. Todavía estoy acostumbrándome a estar más en casa, pero se está volviendo cada vez más normal para mí. Ahora, si tenemos que estar lejos de casa más de lo usual, extraño estar allí.

Es sorprendente cómo algo puede no gustarnos y, al final, termina gustándonos mucho. Podemos detestar un cambio mientras es algo nuevo y, después, nos encanta tanto que desearíamos haberlo hecho antes. Si algo en su vida, en este momento, es anormal para usted, dele un poco de tiempo y podría descubrir que usted se adapta bien a su nueva normalidad.

Después de que me enfermé en 2017, me vi *obligada* a hacer algunos cambios. Si yo hubiera *optado* por hacer esos ajustes cuando debí hacerlo, no me habrían forzado a hacerlos después. Ahora me doy cuenta de que Dios estuvo muchas veces instándome a descansar más tiempo, pero yo estaba siguiendo la corriente. Aunque esa corriente se estaba volviendo más y más difícil, no veía cómo parar.

Mencioné que uno de mis primeros síntomas molestos de la fatiga suprarrenal era la boca seca y la sensación de ardor. Hubo una vez que fue tan malo que, si hablaba mucho, empezaba a perder la voz. Por causa de eso, tuve que cancelar un compromiso para predicar, y hacerlo fue muy difícil para mí. Ya que enseño la Biblia, tengo que hablar. Debido a que uno de mis problemas más grandes estaba en mi boca, me vi forzada a encontrar una nueva normalidad.

Los problemas en la boca no son los únicos indicadores de la fatiga suprarrenal. Pude haber tenido otros síntomas, pero posiblemente los ignoré y seguí adelante a pesar de ellos. Sin embargo, cuando mi boca se vio afectada, sentí que Dios me había acorralado y no había salida. *Tuve* que cambiar mi modo de pensar sobre cuánto podía hacer. Ya no podía hacerlo todo.

Tuve que empezar a delegarle a otras personas parte de mis responsabilidades y ciertas cosas que yo siempre había hecho. Eso no fue fácil para mí. Ver a otros hacer lo que una vez hice fue ciertamente difícil. Debí tener cuidado de no insistir en que hicieran todo como yo lo había hecho. Al darles alguna libertad para que se expresaran como personas, muchos de ellos no solo hacen lo que yo estaba haciendo, sino que lo hacen mejor que yo. Están trabajando, yo estoy descansando ¡y el ministerio está siempre mejorando!

Espero que aprenda de mi experiencia. Le recomiendo muchísimo que cambie lo que debe cambiarse antes de que se vea forzado a hacerlo. La vida es una serie de cambio, y para estar sanos y felices, debemos recibir los cambios de buena gana en vez de combatirlos. Despreciar algo que ha cambiado y nunca volverá a su condición previa es un desperdicio de tiempo. Puede convertir a una persona en amargada y resentida, pero no es necesario si usted decide aceptarlo y dejar que se vuelva su nueva normalidad.

¿QUIÉN DECIDE QUÉ ES NORMAL?

Cuando Dave quiere o no quiere hacer algo, muchas veces dice: "Bueno, ya sabes, ellos dicen que es lo mejor". Yo siempre lo desafío preguntándole exactamente quiénes son "ellos". ¡Son casi siempre personas que nosotros no conocemos! ¿Por qué habríamos de permitir que cierto número de personas desconocidas decidan qué es normal para nosotros? Para disfrutar la libertad de ser nosotros mismos, debemos resistir la atracción magnética del mundo y estar decididos a ser únicos. Ser normales no significa ser como los demás en todas las formas. Usted puede ser completamente normal y, aun así, hacer las cosas de manera distinta a como las hacen los demás.

La única manera de navegar el proceso de envejecimiento

exitosamente es estar pre-
parados para adaptarnos a
una nueva normalidad en el
momento que sea necesario.
Aunque este no es un hecho
científico sólido, me parece

> *Usted puede ser completamente normal y, aun así, hacer las cosas de manera distinta a como las hacen los demás.*

que los aspectos de nuestro cuerpo, mente y emociones cambian de algún modo cada década. Durante aproximadamente
cuatro décadas estuvimos constantemente ascendiendo y
aceptando responsabilidades cada vez más. Luego, durante
un par de décadas, las cosas se nivelaron y todo está bien.
Sabemos lo que estamos haciendo y ahora podemos hacerlo
bien. Está funcionando, y podemos cometer el error de pensar que nunca cambiará. Pero lo hará. Si usted ha sobrevivido múltiples décadas y ahora está en la última parte de su
vida, probablemente se da cuenta de que está en una época,
igual que yo, cuando las cosas cambian más rápidamente que
cuando estaba más joven.

Cuando envejecemos, nuestras habilidades empiezan ciertamente a cambiar. Pero he descubierto que nuestros deseos
también lo hacen. Es Dios quien nos da el deseo y la voluntad para hacer lo que le complace a Él (Filipenses 2:13, NTV).
Una reducción o la ausencia de deseo es una manera en que
Dios nos informa que hay un cambio en proceso. Cuando el
tiempo llegó para que disminuyera la frecuencia de mis viajes
y prédicas, noté que no *quería* seguir haciendo esas actividades tanto como las había hecho previamente. Curiosamente,
aunque no quería mantener la intensidad de mi programa de
viajes y prédicas, pensaba que *debía* querer mantenerlo. No

quería siquiera admitir ante los demás que mis deseos estaban cambiando, porque no quería que pensaran que estaba perdiendo mi don, volviéndome perezosa o abandonando mis sueños.

No estaba abandonando mis sueños, ¡estaba viviendo mi sueño! Recuerdo haber orado con lágrimas intensas, suplicándole a Dios que me dejara ayudar a la gente de todo el mundo. Al principio, pensé que tenía que estar presente físicamente para hacerlo, pero ahora he aprendido que puedo quedarme en casa durante un día y alcanzar a más personas en treinta minutos a través de la televisión de lo que podría al ir corriendo por todo el mundo, fatigándome continuamente. Dios tiene ideas y planes nuevos y magníficos para nosotros si tan solo somos lo suficientemente valientes como para permitirle que nos dé una nueva normalidad.

Para aferrarnos a algo nuevo, siempre tendremos que soltar algo viejo. Hacerlo es algo bueno, no malo. Cuando nos desprendemos de algo en obediencia a Dios, Él nos devuelve algo mejor.

Le insto a empezar a soltar y a dejar que Dios tome el liderazgo en su vida. Escuche su corazón en vez de escuchar su cabeza, porque esa es la única forma de discernir cuándo es tiempo de hacer un cambio.

PONGA LÍMITES

La Biblia registra todo tipo de información sobre los límites remontándose hasta los días del Antiguo Testamento. Habla sobre límites geográficos, claro está, que son sencillamente líneas fronterizas para señalar qué territorio pertenece a qué pueblo. Esos límites físicos están diseñados para mantener a los enemigos afuera mientras mantienen a los ciudadanos adentro del territorio.

Hoy en día, también usamos la palabra *límites* para describir las fronteras que las personas colocan para sí mismas en las relaciones o en las formas en que usarán su tiempo, energía y otros recursos. Aquellos que viven sin dichos límites llevan una vida sin disciplina, sin fruto. Cuando colocamos límites en nuestra vida, no a todos les gustan o no todos están dispuestos a honrarlos, a menos que nosotros nos mantengamos firmes en nuestra decisión para mantenerlos en pie.

> *Aquellos que viven sin límites llevan una vida sin disciplina, sin fruto.*

No existe una década en la vida donde no necesitemos límites, aunque podría ser que necesitemos ajustarlos a medida que se desarrolla cada temporada. De hecho, colocar algunos límites alrededor de su tiempo y energía temprano en la vida le ayudará más adelante. Cada uno de nosotros es responsable de colocar y ejecutar nuestros propios límites. Por ejemplo, si usted decide que uno de sus límites es tomar un día a la semana como el "día de no hacer nada" o un día de descanso, manténgase firme cuando alguien insista en que haga algo en ese día. Le puedo asegurar que cuando usted fija límites, los demás los pondrán a prueba. Los que no están de acuerdo con su límite presionarán para ver si usted lo quita. A veces, estas mismas personas necesitan los mismos límites en su propia vida, y por eso no pueden respetarlos en la suya. Manténgase firme, y los demás aceptarán pronto sus límites. Incluso pueden aprender de su ejemplo para colocar algunos límites para sí mismos.

Recuerdo cuando la frase "Vivir a toda máquina" era popular y a mucha gente le parecía algo bueno e interesante. Significaba estar ocupado e involucrado en muchas actividades, trabajando duro, esforzándose, logrando muchas cosas y probablemente no durmiendo suficiente mientras eran parte de los "populares". Creo que puedo decir que viví a toda máquina durante aproximadamente cinco décadas, pero lo estoy pagando en las dos o tres décadas que me quedan. Si tan solo hubiera hecho cambios menores hace años, no tendría que hacer cambios mayores ahora. Sin embargo, esta es mi nueva normalidad, y me estoy adaptando a ella y aceptándola de buena gana.

¿Tiene colocados límites seguros en su vida, o solo se levanta cada mañana y trata de cumplir todas las demandas que le imponen sin resistir o evaluar lo que requerirá de usted cuando diga "sí" a ciertas peticiones? ¿Trata de estar disponible en todo momento para todos lo que lo rodean? ¿Dice "sí" aun cuando su corazón está gritando "no"?

> *¿Dice "sí" aun cuando su corazón está gritando "no"?*

Quizá la idea de colocar límites es nueva para usted. Tal vez saber que le está permitido poner límites alrededor de su vida le da una sensación de esperanza y alivio. Muchas personas miran lo que hacen cada día y lo ven todo simplemente como lo que tiene que hacer, por lo tanto, siguen haciéndolo

hasta que los deja inválidos o, incluso, los manda prematura-
mente a la tumba. Quiero asegurarme de que usted sepa esto:
usted tiene derecho a la paz, la quietud, el descanso; tiene
derecho a dormir bien, a reír, a estar sano, a comer alimentos
de alta calidad y a hacer algunas de las cosas que desea hacer.
Sin embargo, si no insiste en mantener ese derecho, alguien
se lo quitará al insistir en que usted debe hacer algo por él.

Las demandas que nos imponen varían basadas en nuestra vida individual. Gran parte de la razón por la que terminé
muy estresada y enferma fue debido a que no decía "no". Debí
haber tenido mejores límites con al menos algunas de las personas que me pedían el favor de predicar en la iglesia de su
amigo o escribir el prólogo de su nuevo libro o participar en su
conferencia o hacer cientos de otras cosas similares. Todavía
hago algo de eso, pero cada vez menos, a medida que envejezco. Los que me aman me animarán a hacer lo que necesito, y nunca se ofenderían si necesito decir: "Me encantaría
hacerlo por ti, pero simplemente no puedo en este momento
de mi vida". Cuando uno empieza a colocar límites, descubre
quién lo ama por quien uno es en vez de por lo que puede
hacer por ellos.

"Envejecer significa lidiar con las limitaciones. La mejor manera de hacerlo es no combatirlas, sino aceptarlas. Estar dispuestos a pedir ayuda cuando se necesita a causa de dichas limitaciones. Aceptarlas de buena gana como oportunidades para ser creativos".

—

M.M.

CAPÍTULO 6

¿PUEDE HACER SIEMPRE LO QUE SIEMPRE HA HECHO?

Solamente un insensato piensa que puede hacer siempre lo que siempre ha hecho.

Henry Cloud

El comentario que hace Henry Cloud sobre las personas que piensan que siempre pueden hacer lo que siempre han hecho me ha impactado grandemente. Especialmente en nuestros años de juventud, la mayoría de nosotros piensa que siempre podremos hacer lo que queramos hacer. Esto es absurdo debido a que el proceso de envejecimiento, que no se puede evitar, exige que cambiemos las cosas que hacemos. Como mínimo, envejecer requiere que cambiemos la frecuencia o intensidad de lo que hacemos.

He sabido de muchas personas que durante largas épocas de su vida se dieron a conocer como "un excelente cocinero" o "un gran jugador de tenis". Algunos han pasado extensas horas bajo el sol para tener un césped lindo o huertos llenos de frutos, mientras que otros pueden hacer costuras hermosas. Estas actividades físicas son importantes por diversas razones. Mantienen a la gente activa mental y físicamente, les permiten fijar y alcanzar metas y brindan oportunidades para logros y satisfacción. Sin embargo, mientras más tiempo vive la gente, más veces debe adaptarse a cambiar sus habilidades.

Sin importar cuánto disfrutemos hacer ciertas actividades ahora, es sabio admitir que posiblemente no siempre podremos hacerlas. Creo que todo cambia en alguna forma ya sea que nos guste o no. Cuando tenemos problemas, nos agrada poder decir "esto también pasará", pero esta expresión también aplica cuando las cosas nos están yendo bien y cuando estamos disfrutando nuestra vida.

No quiero decir que las cosas buenas llegan a ser malas, sino que el bien en las cosas buenas del presente podría, con el tiempo, dar un giro hacia otro tipo de bien. Creo firmemente que lo que estoy haciendo ahora con mi vida es bueno. Es exactamente lo que debo hacer, aunque es enormemente diferente a lo que solía hacer, y sé que en el futuro deberé hacer ajustes adicionales.

La juventud es una época hermosa de nuestra vida, pero nuestros últimos años son igualmente hermosos. Podemos ver personas de la tercera edad y pensar: *Están acabados. No pueden identificarse con la cultura actual. Su vida está básicamente terminada. Mira cuán arrugados están, cuán blanco está su cabello*

> *La juventud es una época hermosa de nuestra vida, pero nuestros últimos años son igualmente hermosos.*

y lo lentamente que caminan. En vez de eso, deberíamos darnos cuenta de que cada arruga y cada cana representan una experiencia, y que todas sus experiencias podrían beneficiarnos inmensamente si tan solo los respetáramos lo suficiente como para detenernos a escuchar lo que tienen que decir.

Muchas veces me he preguntado: *Si ya no pudiera estar en el ministerio, ¿alguien me diría alguna vez: "No solías ser Joyce Meyer"?* Si lo hicieran,

> *Nuestra valía no está en lo que hacemos, sino en quiénes somos como personas.*

eso me daría la oportunidad para decir: "Sigo siendo Joyce Meyer, ¡solo que en una versión más sabia y experimentada!". Algunas personas tienden a pensar que cuando ya no hacemos lo que hicimos una vez, ya no somos quienes éramos. Eso sencillamente no es cierto. Nuestra valía no está en lo que hacemos, sino en quiénes somos como personas. Nuestra valía está en nuestro carácter, en nuestras experiencias, y si en verdad hemos aprendido a amar a Dios y a los demás o no.

APRENDA A SEPARAR SU "SER" DE SU "HACER"

El aspecto más importante de su vida no está en lo que hace, sino en quién se convierte. ¿Qué valor hay en hacer todo tipo de buenas obras, pero no tener amor? La Biblia dice que la gente que vive de esa forma no son nada excepto un gran ruido (1 Corintios 13:1-8). Algunas personas están dotadas de mucho carisma y pueden impresionar a muchas otras, pero es

> *El aspecto más importante de su vida no está en lo que hace, sino en quién se convierte.*

posible que no tengan el carácter necesario para mantenerse en el lugar a donde las ha llevado su don.

¿Con qué frecuencia vemos que a alguien se le llama "estrella fugaz" o "un evento de una sola noche" solo para darnos cuenta de que esa persona cae rápidamente y desaparece de los recuerdos de todos? Esto sucede con demasiada frecuencia, y muchas veces pasa porque esas personas tienen talento, pero no carácter. Pueden hacer o lograr cosas impresionantes, pero su carácter no está desarrollado. Cuando las personas tienen talentos que pueden colocarlas frente a muchas personas, es mucho mejor que crezcan poco a poco y tengan que esforzarse para llegar a la cima, que empezar en la cima y luego caer hasta el fondo.

El número de personas que pudimos alcanzar a lo largo de nuestro ministerio creció gradualmente en un periodo de veinte años o más. A finales de la década de los setenta, empecé a impartir un estudio bíblico. Veinticinco personas asistían, y yo enseñé en ese grupo durante cinco años. Luego, trabajé en una iglesia por cinco años y tuve mayores oportunidades allí, incluyendo la enseñanza a un grupo de mujeres que, con el tiempo, llegó tener cuatrocientas y hasta quinientas personas. Luego, nos expandimos y empezamos a tener reuniones pequeñas en salones de hotel y centros de convenciones, donde ministrábamos desde setenta y cinco hasta un par de cientos de personas. Luego de empezar en televisión, nuestras oportunidades crecieron exponencialmente. Aún estoy aquí, cuarenta y cinco años después, haciendo lo que Dios me llamó a hacer.

Permitir que las personas y las organizaciones crezcan lentamente es valioso porque les da tiempo para ajustarse a las presiones crecientes de un liderazgo mayor. Si a las personas se les coloca en la cima, solo porque tienen un talento impresionante y no han tenido la oportunidad de pagar el precio para llegar allí, los resultados raras veces son positivos. Durante los años de austeridad y desafío que pasé en el ministerio, aprendí que quien soy como persona es más importante que lo que hago frente al público.

La Biblia dice que no debemos poner en posiciones de liderazgo a los recién convertidos, porque se comportarán de manera insensata a causa del orgullo (1 Timoteo 3:6, NTV). Si estamos llenos de orgullo, podríamos maltratar a quienes consideramos menos importantes que nosotros. Una persona que funciona de esta manera tendrá un carácter moral mediocre y no marcará un buen ejemplo a seguir. Tal clase de personas caen rápidamente porque, aunque otros disfruten de sus talentos, con el tiempo, ellos también querrán respetar a quienes imitan.

Siempre hay excepciones en este punto. Es posible que a algunos jóvenes se les haya enseñado a desarrollar un carácter moral fuerte a temprana edad. Otros han tenido el beneficio de una crianza excelente y son sabios por encima de su edad. No estoy afirmando que ser ascendido rápidamente nunca funciona, pero la mayoría de las veces, no es así.

SU LEGADO

Llegará el tiempo cuando usted y yo ya no estaremos en esta tierra. Con suerte, nuestra vida será un buen recuerdo para los demás, pero nosotros ya no estaremos. Si creemos en Jesús como nuestro Salvador y Señor durante nuestra vida terrenal, entonces, después de la muerte, estaremos viviendo en su presencia en el cielo. ¿Qué tipo de legado estamos dejando?

Cuando yo era joven, no pensaba mucho en mi legado; sin embargo, ahora que soy mayor, pienso en eso frecuentemente. Quiero que me recuerden como una mujer devota, que no solamente amaba a Dios, sino también a la gente. Quiero ser recordada como alguien que enseñó la Palabra de Dios con precisión y de manera práctica, que ayudó a las personas a vivir diariamente para Dios. Quiero dejar un legado que pueda seguir siendo valioso durante cientos de años si el Señor no ha regresado para entonces.

¿Qué es un legado? Es lo que dejamos para los demás cuando nos vamos, y creo que los recursos de enseñanza y los libros en los que vertí mi energía son parte de mi legado. Edificar un legado que bendiga a los demás es una de las mayores razones por las que continúo haciendo lo que hago, pero sé que lo que hago no es tan importante como lo que soy como persona.

Tal vez la gente no nos vea cuando estamos a puerta cerrada, pero Dios sí.

Muchas veces, lo que hacemos en público es muy distinto a lo que hacemos privadamente, pero no debería ser así. Tal vez la gente no nos vea cuando estamos a puerta cerrada, pero

Dios sí. Aquellos que tienen un carácter bueno, evaluado y puesto a prueba se dan cuenta de que Él siempre está observando todo lo que hacen. Ellos procuran constantemente hacer su mejor esfuerzo para Dios en vez de tratar de que otras personas los admiren.

TERMINE BIEN

Cerca del final de su vida, el apóstol Pablo le dijo a Timoteo que peleara la buena batalla, terminara la carrera y se mantuviera en la fe (2 Timoteo 4:7). Hebreos 12:1 dice que "corramos con perseverancia la carrera que Dios nos ha puesto por delante" (NTV). Quiero terminar bien mi carrera, y estoy segura de que usted también desea lo mismo.

Estoy convencida de que terminar bien significa que debemos trabajar junto con el Espíritu Santo para completar la tarea que Dios nos ha dado. Si queremos completar lo que Él nos ha dado, tendremos que luchar contra los enemigos que tratan de detenernos. Necesitaremos permanecer fuertes en la fe. Deberemos ser pacientes y firmes, estar comprometidos y determinados. Todos estos son rasgos del carácter que desarrollamos a medida que aprendemos a ser fuertes en cada época de la vida.

Uno de los escritos más desgarradores del apóstol Pablo está en Hechos 20:22-24 (LBLA):

Y ahora, he aquí que yo, atado en espíritu, voy a Jerusalén sin saber lo que allá me sucederá, salvo que el

Espíritu Santo solemnemente me da testimonio en cada ciudad, diciendo que me esperan cadenas y aflicciones. Pero en ninguna manera estimo mi vida como valiosa para mí mismo, a fin de poder terminar mi carrera y el ministerio que recibí del Señor Jesús, para dar testimonio solemnemente del evangelio de la gracia de Dios.

Muchas veces, estos versículos me han animado enormemente para continuar cuando me siento tentada a rendirme. Terminar lo que Dios me ha dado como tarea es muy importante para mí, pero no significa que siempre podré hacer lo que siempre he hecho. Tendré que adaptarme y seguir la guía de Dios para hacer cambios que me permitan terminar en vez de derrumbarme. No creo que alguien pueda terminar bien su carrera si no está dispuesto a adaptarse a los cambios que son necesarios para su edad.

Debemos aceptar de buena gana cada etapa de la vida en la que estemos y disfrutar nuestro recorrido hacia la meta. No sea una de esas personas que siempre habla de los "días dorados". Esos días ya terminaron, y nunca se repetirán; pero, si estamos dispuestos a recibirlos con los brazos abiertos, hay días nuevos, e incluso mejores, por venir.

"A medida que envejezco, mi capacidad para manejar el estrés disminuye. Para lidiar mejor con eso, trato de:

- Luchar contra el temor a lo desconocido con la ayuda de Dios y de su Palabra.
- Asegurarme a mí misma que reducir la velocidad no es malo; es algo sano que debo hacer a medida que envejezco.
- Pedir ayuda cuando la necesito y dejar a un lado el orgullo que me impide pedirla.
- Permanecer positiva con la ayuda de Dios, en vez de aferrarme a las emociones negativas.
- Salir a caminar y hacer regularmente estiramientos o ejercicios.
- Concentrarme en lo importante. Librarme de lo que no es esencial.
- Memorizar la Escritura y recitarla cuando estoy estresada o me voy a dormir.
- Hacer que cada día cuente".

—

C.E.

CAPÍTULO 7

UN ENTENDIMIENTO SANO DEL ESTRÉS

La calma es la cuna del poder.

J. G. Holland

Una razón por la que rechazaba el diagnóstico de estrés durante años era que pensaba que eso quería decir que yo era débil y no podía manejar mi vida. Mi madre sufrió de muchos problemas relacionados con el estrés, y después de verla atravesar una crisis nerviosa, yo estaba determinada a no tener lo mismo que ella. Mi madre nunca fue una persona fuerte emocionalmente, y tenía muy poca seguridad en sí misma. Su debilidad evitó que ella pudiera confrontar a mi padre respecto al abuso sexual sobre mí, y aunque no la odiaba, crecí odiando la debilidad. Estar enferma debido al estrés lo veía como una debilidad y, por lo tanto, lo rechazaba.

Todos enfrentamos estrés. Dios ha equipado al cuerpo humano para manejar una cantidad razonable de estrés; sin embargo, estar bajo cantidades excesivas de estrés durante mucho tiempo hace daño en una variedad de formas. Durante años, tuve dolores de cabeza severos. Una vez, estaba ministrando en una iglesia en Florida y le mencioné al pastor que yo tenía un dolor de cabeza terrible. Él sugirió que le permitiera a una quinesióloga, que asistía a la iglesia, que me diera un masaje en el cuello y los hombros. Yo nunca había recibido un masaje, y realmente pensaba que no me ayudaría, pero estuve de acuerdo en probar.

Cuando empezó a darme masaje en la parte de atrás del cuello, especialmente en la base misma de mi cráneo, el dolor era tan intenso que apenas podía soportar que continuara. Ella dijo que la tensión era el resultado de una acumulación de estrés que me impedía relajar los músculos de la nuca. Trabajó en mí durante unos treinta minutos, y luego, cuando terminó, el dolor de cabeza había desaparecido. Desde esa vez, me han dado masajes cada vez que puedo, porque son muy efectivos para aliviar el estrés acumulado en los músculos.

El estrés es parte de la vida. Nadie puede evitarlo totalmente, pero podemos aprender a manejarlo. Si le prestamos atención a nuestro cuerpo, podemos aprender las señales que nos manda para indicarnos cuando el estrés se está volviendo demasiado. Estos indicadores incluyen la sensación de tensión, no poder relajarse y sentir dolor físico en alguna parte. Cuando hacemos ejercicio, ponemos estrés sobre nuestro cuerpo, pero es en realidad un estrés bueno que alivia el tipo de estrés malo. Estamos trabajando los músculos donde se almacena el estrés y les damos oxígeno para que liberen la tensión. Lo que finalmente nos hace sentir mejor y más relajados.

Una razón por la que el ejercicio nos ayuda tanto en el proceso de envejecimiento es que, aunque tengamos estrés, lo liberamos normalmente a través del ejercicio regular. De esta manera, el estrés no tiene oportunidad para acumularse al punto de dañar nuestro cuerpo y emociones.

El diccionario en línea de Google define el *estrés* como "presión o tensión ejercida sobre un objeto material; un estado de esfuerzo emocional o mental, o la tensión resultante de circunstancias adversas o muy demandantes". Ya que no siempre podemos evitar las circunstancias adversas y demandantes, mientras estamos en medio de ellas, debemos hacer cosas que nos liberen del estrés.

Algunas personas enfrentan más adversidad que otras. Posiblemente vivan con presión financiera, tensión marital o enfermedad crónica. Tal vez tengan un hijo con necesidades especiales que requiere atención y cuidado adicional o tienen la responsabilidad de cuidar a sus padres ancianos. Darse cuenta del estrés bajo el que uno se encuentra y hacer un esfuerzo para aliviarlo es una manera de tener buen cuidado de sí mismo. Para hacerlo, tome en cuenta lo siguiente:

- Descansar o tomar una siesta cuando necesite reposar
- Hacer algo divertido
- Reír
- Recibir un masaje
- Mimarse con un facial
- Dedicar un momento a un pasatiempo que usted disfrute

- Dormir de siete a ocho horas cada noche
- Dar una caminata sin prisas
- Tomar un baño de tina caliente
- Respirar profundo

También he descubierto que tomar lo que yo llamo "una vacación de cinco minutos" es muy útil para mí. Mi patrón general es ir de una cosa a otra hasta haber terminado todo, pero ahora, hago una pausa entre actividades, especialmente si me siento ligeramente cansada. Me siento en mi sillón reclinable por solo cinco minutos para relajarme y respirar.

Cuando nos sentimos estresados, generalmente retenemos nuestra respiración, o no respiramos tanto por minuto como debe ser. La respiración normal es entre doce y veinte respiros por minuto, pero cuando estoy estresada, muchas veces me encuentro reteniendo mi respiración. Con solo relajarme y respirar regularmente me siento mejor. Incluso, me ha pasado que un dolor de cabeza desaparece solo porque hice una pausa y me aseguré de respirar profunda y adecuadamente.

FALTA DE CONOCIMIENTO

La Palabra de Dios nos enseña que la gente perece por falta de conocimiento (Oseas 4:6). He comprobado esto respecto a mi salud. A lo largo de los años, acumulé tanto estrés que finalmente culminó en una fatiga suprarrenal severa; no tenía idea de lo que me estaba haciendo a mí misma. Desearía haber leído un libro como este hace cuarenta y cinco años, porque podría haberme ayudado a evitar algunos de los problemas con los que tuve que lidiar.

Por ejemplo, he escuchado que viajar en avión es muy dañino para nuestro cuerpo. He viajado por avión con regularidad durante más de cuarenta años, pero no tenía idea alguna de que eso era muy estresante. Cuando estaba cansada al día siguiente de mi vuelo, siempre pensaba: *¡No debería estar cansada! Todo lo que hice fue estar sentada en un avión.* Ahora sé que volar es estresante.

Quiero animarlo a darse permiso para estar cansado. No necesita ni razón ni excusa. Si está cansado, ¡descanse! Si se siente excesivamente cansado, vea a su médico. Pero si está cansado simplemente porque está envejeciendo, acéptelo como su nueva normalidad y tome un descanso o una siesta.

Aprendemos cosas constantemente, pero no siempre son las que necesitamos saber. Algunas lecciones que los niños aprenden en la escuela no les ayudan en lo práctico, mientras que otras podrían ser muy valiosas para ellos más adelante

> *Dese permiso para estar cansado.*

en la vida. Por ejemplo, piense en el enorme número de personas que tiene problemas de espalda. ¿Qué tal si nos enseñaran a temprana edad cómo cuidar nuestra espalda adecuadamente? ¿Qué tal si en nuestra juventud aprendiéramos las maneras correcta e incorrecta de levantar cosas pesadas? Por ejemplo, yo solía usar mi espalda cuando levantaba objetos, y no fue sino hasta que cumplí sesenta años y tenía problemas de espalda que descubrí que debemos usar los músculos de las piernas para agacharnos y levantar cosas en vez de inclinarnos y usar la espalda. Incluso enseñarles a los niños a mantener una buena postura podría ayudarles a evitar ese tipo de problemas más adelante.

Le recomiendo que, mientras sea joven, estudie la manera de mantener buena salud en cada área de su cuerpo. Ahora puede sentirse tan bien y fuerte que piensa que sería una pérdida de tiempo, pero es todo lo contrario. Podría ser la clave para continuar sintiéndose bien en los años venideros.

Podemos aprender por experiencia lo que pone la mayor parte de estrés sobre nosotros. Todos somos distintos, y lo que una persona puede hacer con facilidad, podría ser verdaderamente difícil para alguien más. Por ejemplo, yo sé que apresurarme pone mucho estrés sobre mí. También he aprendido que cuando me vienen muchas cosas a la vez, eso pone sobre mí algo que llamo "sobrecarga". Solía presumir constantemente de ser capaz de hacer muchas cosas al mismo tiempo, pero me he dado cuenta que, definitivamente, desde que he entrado en más años, necesito tomar una cosa a la vez.

Los cambios que hice finalmente me tomaron tiempo para lograrlos *y tiempo para aceptarlos*. Tuve que aprender el hecho de que ya no puedo hacer lo que hacía alguna vez, y eso no significa que soy vieja e incompetente. Simplemente significa que necesito cambiar y adaptarme. Dejar de hacer algo que ya no debería estar haciendo es simplemente tan importante como empezar a

> *Dejar de hacer algo que ya no debería estar haciendo es simplemente tan importante como empezar a hacer lo que debería estar haciendo.*

hacer lo que debería estar haciendo. No obstante, si tiene el deseo de seguir haciéndolo, le sugiero que busque maneras para adaptarse o permanecer involucrado en ello en vez de darse por vencido rápidamente.

EL VIRUS DEL ESTRÉS

El estrés excesivo se ha convertido en un virus que nos aflige a casi todos. Para muchas personas, vivir bajo presión intensa es su nueva normalidad. Solo piense en los medios sociales y las muchas interrupciones que traen diariamente a nuestra vida, por ejemplo. Los timbres y sonidos de los aparatos electrónicos han comenzado a controlarnos. Muchas veces tengo mi teléfono en mi cartera, y me sorprende cuántas veces suena, sin importar lo que yo esté haciendo. Cuando lo escucho, siento la necesidad de ver quién quiere hablarme y qué desea decirme. Aunque la tecnología nos da acceso rápido a casi cualquier persona o cosa, y definitivamente tiene buenas cualidades, también ha añadido mucho estrés en la vida de la mayoría de personas.

Verdaderamente, no deberíamos culpar a los medios sociales ni a nuestros celulares por el estrés que sufrimos a causa de estar disponibles casi todo el tiempo. Somos responsables de la administración de nuestra disponibilidad. Los teléfonos celulares y los aparatos no nos controlan, nosotros tenemos el control. Debemos manejarlos de manera que sean útiles para nosotros, y no para que añadan estrés a nuestra vida. Acostumbrarnos a la disponibilidad instantánea nos ha hecho más impacientes que nunca. Le insto enérgicamente a que *disfrute su tecnología moderna en tanto esta esté verdaderamente sumando a su vida y no robándole o causándole estrés innecesario.*

Dave responde correos electrónicos cuando tiene ganas de hacerlo, así que, si usted le manda un correo, quizá pasen dos semanas antes de que reciba una respuesta. Él maneja los mensajes de texto y hasta responde sus llamadas telefónicas de la misma manera. Todos estos métodos de comunicación le ofrecen beneficios, pero él no les permite que lo controlen. A veces, si soy yo quien está tratando de contactarlo, su manera de tratar con estos aparatos me molesta; sin embargo, he visto que administrar las comunicaciones de la forma que él lo hace lo mantiene en paz y sin estrés.

Recuerdo que cuando la gente iba en el vehículo y quería hacer una llamada telefónica, tenía que encontrar un teléfono público, estacionarse y salir del vehículo con la esperanza de tener suficientes monedas para hacer la llamada. Además, todavía recuerdo tener una línea telefónica compartida en nuestra casa. Cuatro familias compartíamos la misma línea de comunicación, pero con un código diferente, así que esperar un buen rato para poder hacer una llamada era algo común. Hoy día, nos sentimos estresados si vamos conduciendo en un área que no tiene un servicio adecuado de celular y nos vemos forzados a esperar solo unos cuantos minutos para llegar a un área de servicio distinta. La mayoría de nosotros podemos recordar que hace poco no habríamos imaginado estar estresados por algo así.

Algunos parecen sentirse anormales si no se sienten presionados y estresados. Creo que es posible que la gente se vuelva adicta a la actividad constante y llegue al punto donde ya no puede reducir la velocidad, aunque quiera.

Quiero animarlo: En vez de decirle repetidamente a quien quiera escucharlo: "Estoy tan estresado que me cuesta soportarlo", empiece a hacer algo al respecto. Quizá deba aprender la lección que aprendí hace años, que era yo quien llenaba mi calendario con compromisos y responsabilidades, de modo que yo era la única persona que podía cambiarlo. Entender esto puede cambiar su vida maravillosamente, entonces, lo voy a repetir: Usted hace su horario, y usted es la única persona que puede cambiarlo. Cierto, no todos estarán felices si su disponibilidad no es instantánea, pero le ayudará a vivir más tiempo y a envejecer más lentamente.

> *Usted hace su horario, y usted es la única persona que puede cambiarlo.*

El estrés está enfermando a las personas e incluso acortándoles la vida a algunas. También tiene un impacto negativo sobre nuestra calidad de vida. Mientras más envejecemos es menos el estrés que podemos manejar. Por esta razón, debemos realmente prestarle atención a nuestro cuerpo y a la voz de Dios, cuando habla a nuestro corazón, y hacer los cambios cuando nos instan a hacerlos.

La vida que tiene es suya. Es un don de Dios y es sabio no permitir que las exigencias de otras personas se la roben.

"UNA INTIMIDAD CRECIENTE
CON EL SEÑOR AGRACIARÁ
SU VIDA A MEDIDA QUE
ENVEJECE, COMO NINGUNA
OTRA COSA PODRÁ HACERLO.
CONTINÚE PERMITIÉNDOLE AL
SEÑOR QUE HAGA 'UNA BUENA
OBRA EN USTED' COMO DICE
FILIPENSES 1:6, TODOS LOS
DÍAS DE SU VIDA".

—

M.E.F.

CAPÍTULO 8

MANTÉNGASE ESPIRITUALMENTE FUERTE

Sean fuertes en el Señor y en su gran poder.

Efesios 6:10, NTV

Yo no diría que tuve una vida fácil, y usted puede sentir lo mismo de la suya. Mi vida ha sido sorprendentemente buena, pero también ha sido dura. Leí sobre una mujer que había sufrido enormemente y, sin embargo, dijo: "He tenido una buena vida difícil". Estoy segura de que usted sabe lo que ella quiso decir. Uno sigue adelante, y no trata de rendirse, pero, con toda seguridad, a veces desea que su vida se vuelva más fácil. Algo que puede sostenernos a través de cualquier tipo de problemas es mantenernos fuertes espiritualmente.

El espíritu del hombre puede soportar su enfermedad, pero el espíritu quebrantado, ¿quién lo puede
sobrellevar?

Proverbios 18:14, LBLA

Este versículo me ha sostenido a través de momentos muy
difíciles. No podemos desaparecer a los problemas, pero podemos estar cerca del Señor y permanecer fuertes en Él, porque
su fortaleza nos sostendrá incluso cuando se nos hayan terminado las fuerzas. Dios nos dice en su Palabra que la serenidad
y la confianza está nuestra fuerza.

Porque así dice el Señor omnipotente, el Santo de
Israel: "En el arrepentimiento y la calma está su salvación, en la serenidad y la confianza está su fuerza".

Isaías 30:15

La vida guarda muchas situaciones que no podemos cambiar, pero cuando llegamos al punto donde pensamos que no
podemos soportar la presión, no carecemos de opciones. Dios
siempre está con nosotros, siempre listo para ayudar si lo buscamos a Él.

Cada uno de nosotros somos seres espirituales, tenemos alma y vivimos en un cuerpo. Cada parte de nosotros
debe estar fuerte en todo momento. De la misma manera que
nuestro cuerpo necesita alimentarse regularmente para ser
fuerte y funcionar de manera apropiada, así también nuestro
espíritu.

ALIMENTAR AL ESPÍRITU

La parte espiritual de nuestra naturaleza se nutre de la presencia de Dios y de su Palabra. Ambas están accesibles en todo momento; sin embargo, participar en ellas es elección nuestra. Dios siempre está al alcance de un pensamiento, y el solo girar nuestros pensamientos hacia Él y apartarlos de nuestros problemas puede darnos la fuerza para continuar.

He identificado cuarenta beneficios que nos da la Palabra de Dios. Para su conveniencia, estoy incluyendo aquí la lista titulada "Cuarenta cosas que la Palabra de Dios hace por usted":

1. La Palabra de Dios es verdadera, y cuando la seguimos, nos liberta (Juan 8:32).
2. La Palabra es vida, sanidad y salud para los que la hallan (Proverbios 4:20-22).
3. La Palabra nos sana y liberta (Salmos 107:20).
4. La Palabra nos protege (Salmos 18:30).
5. Meditar en la Palabra trae sabiduría, prosperidad y éxito (Josué 1:8).
6. La Palabra trae estabilidad, productividad y realización, y todo lo que hagamos prosperará (Salmos 1:3).
7. La Palabra de Dios sostiene, guía, mantiene e impulsa el universo (Hebreos 1:3).
8. La Palabra de Dios tiene el poder para crear (Génesis 1).
9. Los que ordenan su conducta y conversación según la Palabra son bendecidos (Salmos 119:2).

10. La Palabra nos limpia y purifica (Salmos 119:9; Juan 15:3; Juan 17:17; Efesios 5:26).

11. La Palabra reduce la capacidad para pecar. Nos fortalece contra la tentación (Salmos 119:11).

12. La Palabra nos revive y estimula (Salmos 119:25; Salmos 119:50).

13. La Palabra de Dios nos faculta para andar en libertad y en calma (Salmos 119:45).

14. La Palabra de Dios está llena de promesas para darnos misericordia y gracia (Salmos 119:58).

15. La Palabra de Dios nos da buen juicio, sabiduría y discernimiento correcto, y conocimiento (Salmos 119:66).

16. La Palabra de Dios es mejor que miles de piezas de oro y plata (Salmos 119:72).

17. La Palabra de Dios me hace más sabio que mis enemigos (Salmos 119:98).

18. La Palabra es una lámpara a nuestros pies y una luz a nuestro camino (Salmos 119:105).

19. Cuando nos afligimos, la Palabra de Dios nos estimula y nos vivifica (Salmos 119:107).

20. La Palabra de Dios nos da esperanza (Salmos 119:114).

21. Cuando la Palabra de Dios llega, trae luz y disipa las tinieblas (Salmos 119:130).

22. La palabra de Dios trae dirección y nos muestra lo que debemos hacer (Salmos 119:133).

23. Jesús es la Palabra (Juan 1:1; Juan 1:14; Apocalipsis 19:13).

24. La Palabra de Dios, cuando se planta y arraiga en nuestro corazón, tiene el poder para salvar nuestra alma (Santiago 1:21).

25. La Palabra de Dios nos fortalece (Salmos 119:28).

26. La Palabra de Dios derrite la dureza de nuestro corazón (Salmos 147:18).

27. La Palabra muchas veces trae persecución (Marcos 4:17).

28. La Palabra nos transforma (cambia) a la imagen de Dios (2 Corintios 3:18).

29. La Palabra de Dios es un arma contra el diablo y una armadura que nos protege en la batalla (Efesios 6:17).

30. La Palabra de Dios renueva nuestra mente (Romanos 12:2).

31. La Palabra de Dios destruye fortalezas mentales (las mentiras) y nos enseña la verdad (2 Corintios 10:4-5).

32. La Palabra divide el alma y el espíritu (Hebreos 4:12).

33. La Palabra de Dios nos conforta y consuela (Salmos 119:50).

34. La Palabra nos ayuda a ver el error de nuestros caminos y a voltear en dirección a Dios (Salmos 119:59).

35. La Palabra de Dios hace que nos deleitemos incluso en medio del problema y la angustia (Salmos 94:19).

36. La Palabra nos da una paz enorme (Salmos 119:165).

37. La Palabra de Dios habitando en nuestro corazón nos hace triunfadores sobre el maligno (1 Juan 2:14).

38. Nacimos de nuevo (fuimos regenerados) por la Palabra de Dios viva y eterna (1 Pedro 1:23).

39. La Palabra de Dios dura para siempre, y son buenas nuevas (1 Pedro 1:25; Marcos 13:31).

40. La Palabra de Dios contiene poder que se cumple (Isaías 61:11).

Al leer esta lista, usted puede ver que la Palabra de Dios es extremadamente valiosa y ciertamente digna de que invierta tiempo para estudiarla y meditar en ella. Se sorprenderá de cuán fuerte y animado lo mantendrá la Palabra de Dios a lo largo de cada época de su vida.

Probablemente, lo que me ha molestado más en todos estos años es una variedad de problemas físicos, desde dolores de cabeza hasta dolor de pies y todo lo que queda en el medio. Estas dolencias nunca fueron suficientes para detenerme, pero sí me hicieron la vida más difícil, y requirieron que yo tuviera más fe y fortaleza espiritual para seguir adelante. Ya fuera un juanete en el pie, fascitis plantar en mi talón, dolor en la muñeca a causa de un tendón rasgado, cáncer de seno o una lesión en la espalda, parecía que yo sufría de una sarta de molestias pequeñas. A medida que oraba y ejercía la paciencia, Dios me sanaba o me daba respuestas para cada situación, y luego, otra molestia pequeña aparecía. Cada una de ellas requerían de mi tiempo para resolverlas o trataban de distraerme y desconcentrarme de mi propósito.

En este momento de mi vida, estoy lidiando con un hombro que me duele. Después de una cita con el doctor, una placa de rayos X y una resonancia magnética, me diagnosticaron depósitos de calcio en el manguito de los rotadores. Ahora necesito que me pongan una inyección de cortisona para ver si eso ayuda. Dios nunca nos prometió que no tendríamos problemas en esta vida, lo que sí prometió es que siempre estaría con nosotros y que nos ayudaría. Debemos encargarnos de lo que podamos y confiar en que Dios cuidará de todo lo que no nos podemos encargar, mientras, hacemos nuestro mejor esfuerzo para mantenernos enfocados en la tarea que nos asignó.

Quizá se identifica con mi historia. Sus problemas agobiantes podrían no estar relacionados con la salud. Tal vez

> *Tener problemas no significa que usted no tiene victorias.*

sean en el área de las finanzas, las relaciones, el temor o algo más. Sin embargo, tener problemas no significa que usted no tiene victorias. Si ama a Dios, le sirve, ayuda a la gente y tiene una buena actitud en medio de la dificultad, creo que eso es un triunfo más grande que no tener problemas.

Jesús enfrentó retos y dificultades mientras estuvo en la tierra, así como también los apóstoles y multitudes de otras personas, pero todos ellos encontraron una fuerza en Dios para ayudarlos a seguir adelante y hacer su voluntad.

El apóstol Pablo escribió que una "puerta grande de oportunidad" se le había abierto y que esta venía con "muchos adversarios" (1 Corintios 16:9, LBLA). También dijo que, cuando él trataba de hacer el bien, el mal siempre aparecía (Romanos 7:21). Estos versículos nos enseñan que nuestros desafíos no deberían sorprendernos, pero tampoco, intimidarnos. Somos más que vencedores por medio de Jesucristo, quien nos ama (Romanos 8:27).

En su carta a los corintios, Pablo escribe que, para evitar volverse presumido, le clavaron una espina en el cuerpo, un mensajero de Satanás para atormentarlo. Tres veces oró y le pidió al Señor que se lo quitara, pero Dios dijo: "Te basta con mi gracia, pues mi poder se perfecciona en la debilidad" (2 Corintios 12:7-9).

Muchos teólogos y profesores de Biblia lo han discutido y no están de acuerdo en qué era la espina de Pablo. Para mí, el punto es que provenía de Satanás y lo atormentaba. Él le pidió a Dios que se la quitara, y Dios optó por no hacerlo. En cambio, Dios le dijo que Él le daría a Pablo una gracia que lo capacitaría para vivir con la espina en el cuerpo y para hacer aquello a lo que lo había llamado. Esto mantuvo a Pablo humilde y apoyado en Dios.

Quizá usted no esté de acuerdo con esto, pero yo pienso que, a veces, mientras más grande es el grado en que Dios nos usa, más de estas pequeñas espinas podemos sufrir. ¿Por qué? Porque nos fuerzan a apoyarnos en Dios y a recordar constantemente que separados de Él, nada podemos hacer (Juan 15:5). Si nunca tenemos problemas, ¿cómo podemos tener compasión de quienes sí los tienen? Pablo escribe que Dios nos consuela para que podamos consolar a otros con el mismo consuelo que hemos recibido de Él (2 Corintios 1:4).

> *Si nunca tenemos problemas, ¿cómo podemos tener compasión de quienes sí los tienen?*

Satanás trata siempre de detener cualquier cosa buena y cualquier cosa que ayude a las personas. Necesitamos tenacidad espiritual para seguir adelante de cara a la oposición, y esto solo será posible si tomamos tiempo para estar fuertes espiritualmente.

Algunos piensan que están demasiado ocupados para pasar tiempo en oración y en el estudio de la Biblia. Sin embargo, no hacer tiempo para estas inversiones en nuestra vida espiritual es uno de los errores más grandes que podemos cometer. La oración es sencillamente hablar con Dios, derramar nuestro corazón ante Él, dejar que sepa que lo necesitamos y que no podemos hacer lo que está frente a nosotros sin su ayuda. El estudio de la Biblia es leer y estudiar la Palabra de Dios. Su Palabra tiene poder intrínseco, nos alimenta y nos hace fuertes. Incluso si estamos leyendo versículos o pasajes que hemos leído cientos de veces, leerlos de nuevo sigue siendo beneficioso. Piense en esto: Ingerimos los mismos alimentos una y otra vez porque nos gustan. Leer y estudiar la Palabra de Dios no debería ser distinto a eso.

Si necesito paz, conozco varios versículos que puedo leer que me calmarán. Si necesito sanidad, conozco varios versículos a los que puedo acudir para encontrar promesas de que Dios me sanará. Si necesito finanzas, sé muchos versículos que me asegurarán que Dios proveerá para cada una de mis necesidades. No creo que tengamos un problema para el cual la Palabra de Dios no tenga una respuesta. Su Palabra nos anima, nos fortalece, nos sana, nos corrige, nos ilumina, nos provee con muchas otras bendiciones.

Escribí recientemente un libro sobre Proverbios llamado *In Search of Wisdom* [En busca de la sabiduría], y una cosa que me impresionó sobre Proverbios es cuántos principios se repiten una y otra vez en este singular libro de la Biblia. Eso me convenció completamente de que Dios cree que necesitamos repetición para mantenernos fuertes en cualquier área de nuestra vida. Por ejemplo, en un solo capítulo encontré quizá siete versículos sobre las palabras de nuestra boca, y luego otros seis en el siguiente capítulo. A veces, el Espíritu Santo guía al escritor para enseñar el mismo principio exacto en varios capítulos. Yo le insto a no cansarse nunca de leer y estudiar las mismas verdades y lecciones una y otra vez en la Escritura, porque ellas lo alimentan cada vez que usted lo hace.

Nunca aborde la oración o el estudio de la Palabra de Dios como una obligación que cumplir; hágalo como un privilegio que disfrutar. La Palabra de Dios es medicina para nuestra alma, y debemos tomar nuestra medicina regularmente, de la misma manera en que una persona que necesita sanidad física debe hacerlo. La medicina de Dios, su Palabra, nos renueva constantemente y sus efectos secundarios son vida, sanidad, fortaleza, gozo y restauración.

FORTALEZA PARA ENVEJECER

Envejecer puede ser desafiante porque implica cambios en nuestro cuerpo, nuestra fuerza y nuestras habilidades. Sin embargo, nunca debemos temer que la vida se vuelva demasiado pesada para nosotros porque Dios siempre nos dará toda la fortaleza necesaria. Si necesitamos más fuerza de parte de Él conforme envejecemos, podemos tener total esperanza en que la recibiremos. Sin embargo, debemos ser obedientes para hacer cualquier cambio al que Él nos guíe en nuestro estilo de vida.

Dios es nuestro amparo y nuestra fortaleza, nuestra ayuda segura en momentos de angustia.

Salmos 46:1

El Señor no nos fortalecerá para hacer cosas que no son su voluntad para nosotros, pero Él siempre nos fortalecerá para hacer lo que Él quiere que hagamos. Me gusta decir que Dios nos da "gracia para nuestro lugar". Donde sea que Dios lo tenga a usted y cualesquiera que sean sus circunstancias, Él le dará gracia, favor, poder, habilidad, para hacer todo lo que Él tiene para que usted haga.

> El Señor no nos fortalecerá para hacer cosas que no son su voluntad para nosotros.

¿Alguna vez ha visto la vida de algunos y pensado: *Han pasado por tantas dificultades y me pregunto cómo lo lograron*? Escuché a una mujer que perdió a todos sus hijos a la vez durante un incendio, y recuerdo haber dicho exactamente esas palabras. Dios nos da gracia para soportar lo que Él permite en nuestra vida y para no estar amargados si la recibimos de parte de Él. Otra palabra que me gusta para *gracia* es *facilidad*. La gracia hace que las cosas difíciles, e incluso imposibles, sean mucho más fáciles de lo que serían sin ella.

Usted necesitará más fuerza sobrenatural a medida que envejece, pero afortunadamente también tendrá más tiempo para buscar a Dios y estudiar su Palabra para poder recibirla.

"SI PUDIERA CONVERSAR HOY CON UNA PERSONA JOVEN Y COMPARTIRLE UN POCO DE SABIDURÍA SOBRE ENVEJECER, YO HABLARÍA SOBRE MANTENERSE CERCA DEL SEÑOR Y SER GUIADO POR EL ESPÍRITU. TAMBIÉN HABLARÍA DE LA IMPORTANCIA DEL DESCANSO Y LOS BENEFICIOS DEL EJERCICIO CON PESAS. TANTO EL DESCANSO COMO EL EJERCICIO TIENEN BENEFICIOS FÍSICOS Y MENTALES. TENEMOS LA RESPONSABILIDAD BÍBLICA DE MANTENERNOS FUERTES EN CUERPO, MENTE Y ESPÍRITU".

—

F.D.

CAPÍTULO 9

ENVEJEZCA CON GRACIA

*La vida consiste en diez por ciento de lo que me sucede
y noventa por ciento de cómo reacciono a ello.*

John Maxwell

Cuando digo que quiero envejecer con gracia, quiero decir que quiero hacerlo con buena actitud y no quiero entorpecer el proceso resistiéndome a cualquier cambio que deba suceder. No quiero sentir lástima de mí misma, porque no puedo hacer todo lo que hice alguna vez o porque no puedo tener la misma apariencia que antes. Quiero estar agradecida por todo lo que Dios ha hecho por mí, todo lo que Él me ayudado a atravesar sin tropiezos, todo lo que me ha permitido hacer y todo lo que todavía me permite hacer.

Yo pienso que la gracia y la gratitud van de la mano. Mientras más agradecida estoy por la gracia que tengo actualmente, más gracia recibiré en el futuro. Escuchamos muchas veces la palabra *gracia* en la comunidad cristiana, pero quizá no la apreciamos como debiéramos porque no la entendemos completamente.

Somos salvos por gracia a través de la fe en Jesús, no por ninguna obra que hayamos hecho (Efesios 2:8-9). Se dice que la gracia es "la riqueza de Dios a expensas de Cristo" o el favor inmerecido de Dios. Es eso, pero aún hay más. La gracia también es el poder y la unción (la facultad) del Espíritu Santo

> *Mientras más agradecida estoy por la gracia que tengo actualmente, más gracia recibiré en el futuro.*

para que hagamos lo que necesitamos hacer en la vida. La gracia es el poder que nos transforma a la imagen de Cristo a medida que crecemos espiritualmente. No podemos cambiarnos a nosotros mismos, tampoco podemos añadir más del favor de Dios a nuestra vida a través del esfuerzo personal, ni tratar de ser buenos o perfectos. Recibimos la gracia de Dios por fe. Fue extremadamente útil para mí aprender que la gracia es el poder de Dios que llega a nosotros gratuitamente a través de nuestra fe, logrando que podamos hacer con facilidad lo que, de otro modo, sería difícil o imposible para nosotros.

Definitivamente, nosotros deberíamos desear hacer cosas buenas para glorificar a Dios, pero las hacemos por su gracia y no por determinación propia. Sí, debemos estar decididos, pero incluso eso es un regalo de la gracia de Dios. Tenemos gracia y más gracia disponible (Santiago 4:6), recibimos la gracia necesaria al liberar nuestra fe y confiar en que Dios hará, a través de nosotros, lo que no podemos hacer sin Él.

Estamos asociados a Dios. Quien nos da la habilidad y, por su medio, hacemos lo que Él nos guía a hacer. Dios no hará nuestra parte, y nosotros no podemos hacer la suya.

VIVA CON GRACIA

Podemos aprender a envejecer con gracia al disfrutar nuestro recorrido a través de la vida y vivir agradecidos y con buena actitud. Podemos ser dulces y amables en vez de volvernos gruñones y malhumorados, porque la vida ya no es lo que una vez fue.

La gente con gracia es amable y discreta, y nunca tiene la intención de lastimar a los demás con sus palabras o acciones. Trata con respeto a las otras personas. Posiblemente más que nada, una persona con gracia es agradecida y lo expresa.

A medida que envejecemos, nuestro cuerpo podría no sentirse tan bien como antes. Podría incluso sentirse un poco peor que antes, dependiendo de lo bien que nos hayamos cuidado a lo largo de los años, de nuestra genética y de otros factores. Una amiga mía tiene una tía de noventa y cinco años que nunca ha tomado medicamentos, ni ha estado hospitalizada. Ha fumado durante toda su vida y nunca ha tenido una dieta saludable. Ha hecho todo lo que los expertos en salud han dicho que no se haga, aun así, todavía vive sola y se administra sola. Una cosa que ha hecho correctamente es que siempre ha tenido una actitud excelente y es feliz.

> *Ya sea que nos sintamos magníficamente o no, es importante permanecer amables, conformes y agradecidos por lo que tenemos.*

Definitivamente, no estoy sugiriendo que tomemos todas las decisiones equivocadas respecto a nuestra salud y que todo saldrá bien en tanto tengamos una buena actitud, pero comparto esta historia para demostrar cuán poderosa puede ser una actitud positiva. Pienso que se puede decir que la gente que tiene consistentemente actitudes positivas y felices tendrá pocos problemas de salud, y lo más seguro es que viva más tiempo que quienes son negativos y amargados.

Ya sea que nos sintamos magníficamente o no, es importante permanecer amables, conformes y agradecidos por lo que tenemos. No debemos ser malintencionados hacia los demás solo porque no nos sentimos bien o porque estamos atravesando cambios que no nos gustan. A medida que envejecemos, podemos necesitar la ayuda de los demás. Si así fuera, es importante que seamos siempre amables y manifestemos aprecio por lo que hacen por nosotros.

Mis hijos hacen tanto por mí que me facilitan la vida y me liberan para continuar enseñando la Palabra de Dios y escribiendo mis libros. Yo les digo muy frecuentemente lo mucho que los aprecio.

> *¡Necesitar ayuda no es una señal de debilidad!*

Cuando llegue al punto de necesitar ayuda, no deje que el orgullo le impida pedirla. ¡Necesitar ayuda no es una señal de debilidad!

NUESTRAS PECULIARIDADES

Hace años empecé a orar pidiendo que, a medida que envejeciera, pudiera seguir siendo dulce y divertida. Mis hijos y Dave, todos, me dicen que soy muy divertida, pero en realidad son las cosas que hacemos al envejecer las que son divertidas.

A veces, busco mi teléfono mientras lo estoy usando o busco mis anteojos mientras los tengo puestos. Otras veces, les digo a mis hijos que no me contaron algo, y ellos insisten en habérmelo dicho ya dos veces. Cuando empezaron a suceder estas conversaciones, yo afirmaba que no me lo habían dicho, pero ahora, asumo simplemente que tienen razón porque probablemente la tienen.

Dave no escucha tan bien como yo, pero su vista es mejor que la mía porque a él le hicieron la cirugía Lasik y yo no soy candidata para eso. Cuando vemos televisión, él dice: "¿Qué dijeron?", o "sube el volumen", varias veces durante todo el programa o la película, y yo no puedo leer nada sobre la película a menos que tenga letra grande o esté usando mis anteojos. El otro día, Dave dijo: "Podemos ayudarnos mutuamente, porque yo puedo decirte de qué se trata la película y tú puedes contarme lo que están diciendo en ella". Recientemente, le pregunté cómo pensaba que seríamos en los próximos diez años, y me contestó: "Yo probablemente diga '¿qué?' cuatro veces, en vez de dos, cuando me estés hablando". Nos divertimos juntos y nos hacemos bromas el uno al otro sobre nuestras peculiaridades.

Parte de envejecer con gracia es que uno no se tome a

sí mismo tan en serio, porque probablemente hará algunas cosas que son muy divertidas y ni siquiera se dará cuenta que lo está haciendo. Usted podría guardar cosas y no recordar dónde las puso. O podría lavarse la cara con bloqueador solar, como me pasó recientemente. En vez de pensar que está desmoronándose o, peor aún, que es un tonto, solo ríase de las situaciones como estas.

Para cualquiera de nosotros, es imposible que seamos iguales a los setenta u ochenta años de lo que éramos a los treinta o a los cuarenta. Volverse viejo, y todo lo que eso conlleva, es parte del ciclo de la vida, y puede ser hermoso si lo atravesamos con gracia y tenemos la actitud correcta al respecto. Puede empezar a prepararse ahora para sus últimos años si planifica tener una buena actitud, esperando que esos años sean una época maravillosa de su vida y esperando con ilusión lo que Dios tiene reservado para usted en esa época.

> *Parte de envejecer con gracia es que uno no se tome a sí mismo tan en serio.*

Ahora necesito más gracia, de la que solía necesitar, para levantarme en la mañana; y necesito más gracia para quedarme más tarde en la noche cuando lo necesito. Entiendo la importancia de pedir y recibir el poder de Dios para ayudarme a hacer cosas que alguna vez hice muy fácilmente, así que lo pido frecuentemente. Mi familia me hace bromas porque, cuando salgo durante el día, me gusta estar de regreso en casa al final de la tarde si es posible. Estoy segura de que empezarán a sentir lo mismo cuando ellos envejezcan. Si usted pasara cincuenta o sesenta años haciendo algo fuera de casa cada noche, probablemente también querría quedarse en casa. ¡En realidad, no hay nada como estar en casa!

A Dave y a mí también nos gusta que nuestra comida principal del día sea a las tres de la tarde si es posible. No me gusta acostarme con el estómago lleno y yo me acuesto temprano. Prefiero irme a dormir alrededor de las nueve de la noche y levantarme entre las cinco y las seis de la mañana.

Según vaya envejeciendo, descubrirá que se vuelve más

> *Según vaya envejeciendo, descubrirá que se vuelve más específico sobre la manera en que hace las cosas.*

específico sobre la manera en que hace las cosas. Si crea una rutina que funciona para usted, no le va a gustar estar fuera de ella durante mucho tiempo. Generalmente, nos referimos a esto como ser "obstinado". No me siento mal por ser obstinada en lo que se refiere a estar en casa. No me gusta estar fuera en la noche. Me he ganado el derecho de quedarme en casa si quiero. Para cuando usted haya vivido varias décadas, también se habrá ganado el derecho a su propio estilo de ser peculiar.

Cuando pienso en envejecer con gracia, una de las cosas que captan mi atención es que, aunque he visto disminución en algunas de mis habilidades, en lo que se refiere a enseñar la Palabra de Dios o escribir, sigo estando tan alerta como siempre. Esto se debe a que Dios me está dando gracia adicional para seguir haciendo lo que Él quiere que yo haga, y puede confiar en que Él hará lo mismo por usted. Si alguna vez Él deja de darme la gracia para hacerlo, eso significará que ya no quiere que lo siga haciendo. Nosotros podemos hacer solamente lo que Dios nos capacita para hacer y no debemos de tratar de obligarnos a hacer algo que sencillamente no funciona. Debemos hacer lo que Dios nos guía a hacer con todo nuestro corazón y cuando Él quiera que lo dejemos y hagamos algo más, debemos hacerlo con gracia.

"Conozco a algunas personas que han seguido a Dios de cerca mientras van envejeciendo. En cada cruce de la vida, han hecho los ajustes que Él les ha guiado a hacer. En cada época, han permanecido comprometidos a una madurez continua y a un crecimiento espiritual consistente, incluso cuando sus actividades físicas y niveles de energía han disminuido. ¡Son ejemplos maravillosos!".

—

E.A.M.

CAPÍTULO 10

DISCIERNA LA VOLUNTAD DE DIOS

No sean insensatos, sino entiendan cuál es la voluntad del Señor.

Efesios 5:17

Para muchas personas, conocer la voluntad de Dios para su vida parece ser un desafío. Sin embargo, no es tan difícil si usted entiende cómo distinguir el fluir de la gracia de Dios en su vida. El discernimiento funciona en el espíritu más que en el alma, y tener esta habilidad es muy importante. Permítame usar un ejemplo personal que ayude a explicar cómo funciona el discernimiento. Mi mente y mis emociones podrían presionarme para cometer ciertas acciones o a tomar ciertas decisiones, pero si no tengo paz al respecto, eso generalmente significa que mi espíritu está discerniendo que no es lo correcto para mí, aunque yo no pueda entenderlo. En tales ocasiones, elegimos confiar en Dios sabiendo que Él siempre nos guía a lo mejor, incluso si no entendemos las razones.

El deseo está involucrado en encontrar y seguir la voluntad de Dios. No creo que Dios nos llame a pasar la mayor parte de nuestra vida haciendo cosas que no nos interesan y que no deseamos hacer. Muchas personas tienen empleos que detestan durante gran parte de sus vidas, porque nunca han tenido el valor para dar un paso de fe e ir tras el anhelo de su corazón. Quizá ganan mucho dinero trabajando en lo que no disfrutan y escogen las finan-

> *No creo que Dios nos llame a pasar la mayor parte de nuestra vida haciendo cosas que no nos interesan y que no deseamos hacer.*

zas por encima de estar satisfechos y conformes de estar en la voluntad de Dios. Permítame preguntarle: ¿Está haciendo lo que le hace feliz? ¿Le encanta su trabajo? A mí me encanta el mío, y creo que si estuviera haciendo lo que Dios quiere que haga, a usted también le encantaría el suyo.

Existen algunos empleos que quizá no sean completamente placenteros ni por un momento, pero por alguna razón, uno percibe un propósito en ellos y siente que necesita hacerlos por cierto tiempo. Es posible que usted no esté fuera de la voluntad de Dios en lo que hace ahora, y el trabajo en sí es honroso. Dios permite muchas cosas que no están en su perfecta voluntad. También utiliza todo lo que uno hace para educarnos y que ganemos experiencia o relaciones que serán valiosas cuando finalmente pasemos a lo que Él ha creado para cada uno de nosotros.

Si está haciendo algo que no es la voluntad de Dios, siempre habrá lucha y frustración, y será difícil e insatisfactorio. No tendrá una sensación de propósito, sino que se sentirá como que solo está pasando su tiempo para poder ser remunerado. Si estamos en la voluntad de Dios, habrá paz en lo que hacemos. Desearemos hacerlo y tendremos puertas abiertas (oportunidades) y provisión.

Tuve una variedad de trabajos antes de convertirme en maestra de la Biblia y en escritora. No fueron malos, simplemente no era para lo que Dios me había diseñado. No odié esos trabajos, pero tampoco me gustaban tanto como me encanta enseñar la Palabra de Dios.

En el libro de los Hechos, mientras los creyentes de la iglesia primitiva adoraban al Señor y ayunaban, el Espíritu Santo dijo: "Apártenme ahora a Bernabé y a Saulo para *el trabajo al que los he llamado* (Hechos 13:2, énfasis añadido). Bernabé y Saulo (al que también llamaban Pablo) habían estado activos en el ministerio durante varios años, pero aquí hallamos al Espíritu Santo diciendo que había algo específico que Él quería que hicieran. Lo que usted hace podría cambiar a medida que avanza por la vida, pero cuando encuentra lo que Dios le ha llamado a hacer, eso tendrá un efecto distinto en usted en comparación a todo lo que haya hecho antes. Quizá hagamos muchas cosas buenas en la vida, pero podrían no ser lo mejor que Dios tiene para nosotros. El hecho de que *podemos* hacer algo no necesariamente significa que *debemos* hacerlo.

Quiero motivarlo a inspeccionar su corazón y preguntarse a sí mismo si cree verdaderamente que está haciendo lo que Dios desea que haga o si está simplemente haciendo algo para llevar dinero a casa. Quizá trabaja en una oficina como secretaria, pero el verdadero deseo de su corazón sea ser enfermera.

O, tal vez, trabaja en una fábrica, pero su verdadero deseo es ser dueño de su propio negocio.

Yo sé que Dios tiene algo para que usted haga y que lo disfrutará, y eso refleja la voluntad perfecta de Él para su vida. Si ya lo está haciendo, entonces sabe cuán satisfactorio es. Si no, debe orar y confiar en que Dios lo guiará y que siempre le ayudará a cumplir la voluntad de Él.

DÉ EL PASO

Pedro estaba en una barca con los otros discípulos cuando vieron a Jesús caminando sobre el agua hacia ellos. Pedro quería caminar en el agua también, así que le pidió a Jesús que lo llamara. Tan pronto lo hizo, Pedro salió de la barca, y efectivamente, caminó sobre el agua durante poco tiempo. Pero, entonces, vio el viento y empezó a hundirse. Jesús extendió la mano, lo alcanzó y lo jaló salvándolo de ahogarse, y le preguntó por qué tenía miedo (Mateo 14:22-33). Me pregunto si los otros discípulos también querían caminar sobre el agua, pero tenían temor de dejar la seguridad de la barca.

Muchos de nosotros vivimos así. Vemos a otras personas dar el paso valientemente hacia cosas nuevas, pero optamos por la seguridad en vez de la aventura. Si quiere verdaderamente conocer la voluntad de Dios, quizá deba salir de su zona de comodidad y probar algunas cosas antes de encontrar lo que le quede perfecto. Estar fuera de la voluntad de Dios es como vestir ropa muy incómoda, pero cuando vivimos

> *Estar fuera de la voluntad de Dios es como vestir ropa muy incómoda.*

en la voluntad de Dios, estamos cómodos. Pedro caminó sobre el agua hasta que miró a su alrededor y vio los efectos del viento. Por lo tanto, nosotros podemos aprender de sus acciones. Si nos concentramos demasiado en nuestras circunstancias en vez de seguir al Espíritu Santo, la mayoría de nosotros tendrá demasiado miedo para hacer algo.

A medida que envejecemos, la voluntad de Dios para nosotros cambia, pero con el discernimiento apropiado, podremos siempre hacer los cambios con gracia. Quizá sea en los últimos años de su vida que tendrá el tiempo para hacer lo que siempre ha estado en su corazón.

¿Cómo usted sabe cuándo ha llegado el momento para dejar de hacer una cosa y empezar a hacer otra? Usaré un ejemplo de mi propia vida que creo que ayudará a proveer entendimiento. He hecho sesenta y siete viajes misioneros fuera de Estados Unidos. Durante muchos años viajé a lugares como India, y otras partes de Asia, África, Australia, Europa y América del Sur. Fui a India más que a cualquier otra parte, y me encantaba estar allí. Llevé a cabo conferencias y fui anfitriona de varios programas dirigidos a ayudar a los pobres. Estos viajes eran muy satisfactorios, y siempre teníamos mucho favor en estos países.

Cuando el favor hacia nuestro ministerio parecía estar disminuyendo y se nos cerraban las puertas, yo no podía entender qué sucedía. Con el tiempo, me prohibieron hasta la entrada a la India debido a que un alto oficial de gobierno decidió

> *¿Cómo usted sabe cuándo ha llegado el momento para dejar de hacer una cosa y empezar a hacer otra?*

que no le gustaba la forma en que yo llevaba el evangelio de Cristo a la nación, así que me pusieron en la lista de personas no gratas para entrar al país.

Surgieron dificultades similares en otros países. En Camboya, teníamos todo listo para una conferencia y, al último momento, cortaron la energía eléctrica del edificio que íbamos a usar. Adicionalmente a esta oposición, empecé a notar que los viajes me desgastaban físicamente más y que recuperarme de ellos, después de mi regreso a casa, me tomaba más tiempo que antes. En poco tiempo, empecé a perder mi deseo de ir a esos viajes. El deseo es una manera en que podemos discernir la voluntad de Dios.

¿Por qué perdería repentinamente mi deseo de hacer algo que había disfrutado tanto durante muchos años? Sencillamente porque iba a ser mejor para mí que no drenara mi energía haciendo esos viajes y, en vez de eso, la usara para otras iniciativas ministeriales, tales como la televisión. No puedo entrar físicamente a la nación de India, pero estoy diariamente por todas partes en India en televisión, transmitiendo en aproximadamente sesenta idiomas. El gobierno no me quiere en India, pero Dios sí. Y nadie puede mantenerme fuera mientras existan la televisión y la Internet.

Conozco a otras personas de mi edad que viajan a esos países con regularidad y dicen que no les molesta la diferencia de horarios, ni tampoco los cansa. Esto me muestra que Dios quiere que ellos hagan los viajes que hacen y que es inútil que me compare con ellos. Todo lo que debo hacer es lo que Dios quiere que haga. Eso es todo lo que nos corresponde hacer y de lo cual somos responsables.

Debido a que había hecho ministerio internacional en persona durante muchos años, nunca se me ocurrió, durante mucho tiempo, que Dios me estaba diciendo que la época para hacerlo había terminado para mí. Afortunadamente, al fin me di cuenta de que ya no había gracia sobre ese tipo específico de ministerio, y lo solté. Joyce Meyer Ministries envía personas alrededor del mundo con frecuencia, pero van sin mí. A veces, sí echo de menos ir en esos viajes, pero sé que no puedo ir y que tengo que seguir siendo lo suficientemente fuerte para hacer lo que hago actualmente. Quizá, algún día, Dios me permitirá viajar y ministrar internacionalmente, y en persona, otra vez; pero por ahora, Él me ha dejado claro que mi lugar está en Estados Unidos.

DIOS ABRE CAMINOS

Cuando Dios quiere que llevemos a cabo algo específico, siempre abre un camino para que lo hagamos. Él provee todo lo que necesitamos: desde el deseo hasta la fuerza, y desde las energías hasta las finanzas. Pero cuando Él quiere que dejemos de hacerlo, cierra el camino. Tal vez tratemos de obligarlo a funcionar, pero trabajaremos en vano y podríamos frustrarnos, porque no producirá un fruto equivalente al esfuerzo ejercido.

Quiero realmente que comprenda que conforme va envejeciendo las cosas tendrán que cambiar, pero estos cambios pueden ser buenos si los ve apropiadamente. En vez de ver los viajes misioneros al extranjero como oportunidades que había perdido, pude

> *Cuando Dios quiere que llevemos a cabo algo específico, siempre abre un camino para que lo hagamos.*

ver las sesenta y siete oportunidades que Dios me había dado para viajar y ministrar, y todo el buen fruto de esos viajes. Mi alma extraña poder ir, pero tengo paz en mi espíritu respecto a no ir. Cuando aprendemos a discernir para hacer aquello para lo cual Dios nos está dando su gracia y para lo cual no la tenemos, podemos ahorrarnos muchas dificultades.

Si está enfrentando algunas de las cosas sobre las cuales he estado escribiendo, el primer paso hacia el cambio es enfrentar la realidad del punto de su vida donde se encuentra ahora. Cuando se escucha a sí mismo quejándose sobre todo lo que tiene que hacer o incluso diciendo: "No puedo seguir haciendo esto", es una señal de que algo debe cambiar. Quizá usted no sea el único que necesita enfrentar la realidad y estar dispuesto a cambiar. Su personal, compañeros de trabajo, familia y otras personas con quienes está involucrado también necesitan hacer ajustes. En mi caso, yo dejé de ir en viajes misioneros y delegué otras responsabilidades a varias personas en Joyce Meyer Ministries.

Hubo cosas que pensaba que solo yo podía hacer, y mi personal sentía lo mismo, pero todos nos dimos cuenta de que Dios puede mover su gracia de una persona a otra para una tarea específica, y cuando lo hace, funciona igual de bien o incluso mejor que antes. Si continuaba diciéndole "sí" a los

> *Cuando se escucha a sí mismo quejándose sobre todo lo que tiene que hacer, es una señal de que algo debe cambiar.*

deseos de otras personas sobre mi tiempo, no habría podido hacer los cambios que Dios quería hacer. Descubrí que la gente que verdaderamente se preocupaba por mí entendería cuando empezara a decir "no" a algunas cosas y hasta me animarían a hacerlo. No se desgaste a sí mismo haciendo cosas con las que Dios ya ha terminado, solo para complacer a los demás. Él quiere que usted suelte esas cosas y se concentre en lo que tiene hoy para usted.

"Ahora tengo menos energía que antes. En cierto modo, esto es algo maravilloso. Me ha hecho más amable y buena conmigo misma. También he llegado a ser mejor en colocar límites, pero más suave y gentil al comunicarlas y decir 'no' cuando es necesario. Lo mejor de todo, me siento cómoda con la realidad de que, a veces, lo único que necesito es una siesta por la tarde. Los momentos diarios de quietud vespertina, en los que insistía mi mamá cuando yo era niña, han regresado para convertirse, por fin, en regalos muy preciados".

—

M.J.

CAPÍTULO 11

APRENDA A CÓMO DESCANSAR

Vengan a mí todos ustedes que están cansados y
agobiados, y yo les daré descanso.

Mateo 11:28

Jesús dice, en Mateo 11:28, que habrá ocasiones en que estemos cansados y agobiados, o agotados. Nos dice que en esos momentos acudamos a Él y que Él nos dará descanso. Jesús nos ofrece descanso, pero debemos estar dispuestos a recibirlo. David, el salmista, dijo:

El Señor es mi pastor, nada me faltará. En lugares de verdes pastos me hace descansar; junto a aguas de reposo me conduce. Él restaura mi alma; me guía por senderos de justicia por amor de su nombre.

Salmos 23:1-3, LBLA

Soy gran admiradora del trabajo arduo y creo que es así como Dios manda que trabajemos. Sin embargo, si no tenemos también periodos de descanso, trabajar excesivamente puede ser dañino para nuestra salud. Dios dijo que trabajáramos seis días y que descansáramos uno, así que se espera obviamente que trabajemos más de lo que descansamos, pero si no mantenemos horarios equilibrados, les abrimos las puertas a los problemas.

Recuerdo haber leído la biografía de un ministro que vivió en el siglo XIV y trabajaba muy duro, predicando y viajando constantemente. Su historia mencionaba que una vez él tomó un descanso de tres años. Me acuerdo de haberme preguntado por qué lo haría. Aunque la historia no da una razón, él pudo haberlo hecho porque se había desgastado a sí mismo. Parece que el ministerio y la fatiga muchas veces van de la mano. Algunos ministros no nos apresuramos a contar nuestras historias, porque con frecuencia sentimos que debemos ser fuertes siempre y no admitir ninguna debilidad. Sin embargo, he escuchado tantos relatos, y me consta, donde la fatiga y el cansancio extremo afectan a muchas personas en el ministerio. Pienso que la pasión por ayudar a la gente, mezclada con la responsabilidad que sentimos, nos dirige a esforzarnos más allá de los límites de la sabiduría.

> *Si no mantenemos horarios equilibrados, les abrimos las puertas a los problemas.*

La fatiga también afecta a muchas personas que tienen negocios propios o empleos con niveles altos de responsabilidad.

Cuando sabe que muchas personas dependen de usted, sabe que necesita trabajar, y no trabajar es difícil. Un estudio hecho por la US Travel Association [Asociación estadounidense de viajes] descubrió que, en 2018, los trabajadores estadounidenses dejaron de aprovechar 768 millones de días de vacaciones, nueve por ciento más que en 2017. Un tercio de esos días de vacaciones se cancelaron permanentemente, fue una pérdida de sesenta y cinco mil millones de dólares en beneficios.

Si tiene varios hijos, una mamá puede experimentar cansancio extremo y fatiga debido a que se le dificultará encontrar tiempo para relajarse. Preparar comidas, lavar la ropa, mantenerse al tanto de los proyectos escolares de sus hijos y ser quien los conduce a todas sus actividades, raras veces le queda tiempo libre. Además, muchas madres son maestras en casa para sus hijos, lo cual, por sí solo, es un trabajo de tiempo completo.

Cualquiera puede sufrir fatiga a menos que tenga sabiduría para manejar las demandas de la vida. Si queremos tiempo para relajarnos, debemos programarlo en vez que esperar simplemente a que aparezca en nuestro calendario. Mi hijo y su esposa tienen cuatro varones pequeños, pero programan una cita en el día o en la noche una vez por semana. Contratan a una niñera y pasan tiempo juntos, porque hacerlo es muy bueno para su matrimonio y les permite tener un tiempo de sosiego.

Solo recuerde que, si no le gusta su horario, usted fue quien lo hizo, y es el único que puede cambiarlo. Quizá sea el momento para que se deje guiar por el Espíritu Santo y tomar las riendas de su vida en vez de solo permitir que las circunstancias y las exigencias de otras personas lo controlen. Tal vez deba programar un tiempo de descanso o

> *Solo recuerde que, si no le gusta su horario, usted fue quien lo hizo, y es el único que puede cambiarlo.*

de diversión con regularidad y cumplirlo como lo haría con una cita muy importante.

Cuando recibí el diagnóstico de fatiga suprarrenal y me dijeron que descansara durante dieciocho meses y que hiciera solamente lo estrictamente necesario, mi primera pregunta para el doctor fue: "¿Qué hace la gente cuando descansa?". Ahora que lo veo en retrospectiva, mi pregunta fue muy graciosa. ¡No era de sorprenderse que tuviera un problema! No entendía que, a veces, durante un periodo de tiempo, sencillamente no necesitamos hacer nada que siquiera se parezca a trabajar a fin de que podamos recuperarnos física, mental y emocionalmente de todo el trabajo que ya hicimos.

Mi receta por dieciocho meses de descanso era necesaria, porque yo había pasado años sin descansar apropiadamente. La falta de reposo había dañado todo mi sistema hasta el punto de que no podía sanarse en pocos días. Recuperarse de la fatiga suprarrenal grave puede tomar de dieciocho meses a dos años, y algunas personas nunca se recuperan por completo. Lo entiendo, pero también creo en que con Dios todo es posible, y sé que Él redime nuestros errores y restaura nuestra alma y nuestro cuerpo. Estoy confiando en Dios y creyendo en que tendré una recuperación completa, y si usted sea ha agotado a sí mismo, también puede confiar en que Dios le restaura todo lo que ha perdido.

En los primeros días de mi recuperación, estaba tan cansada que no podía hacer mucho, excepto sentarme en un sillón reclinable y ver por la ventana. Pero en mi interior, seguía pensando: *Yo debería estar haciendo algo.* Necesitaba aprender a valorar el descanso tanto como valoro el trabajo. Quizá, usted también deba hacerlo. No tiene nada de malo si necesita reposar, y tomar tiempo para descansar no es algo de lo que deba sentirse culpable. Stephen Covey dice: "La gente espera que nosotros estemos ocupados, trabajando de más. Se ha vuelto un símbolo de estatus en nuestra sociedad; si estamos cansados, somos importantes; si no estamos ocupados, casi nos da vergüenza admitirlo".

En nuestra sociedad conducida por el logro, muchas veces, cuando tomamos un día libre, pensamos que estamos obligados a justificarlo, pero es un mandato de Dios; por lo tanto, debe ser algo bueno. Si de siete días, un día de descanso es lo que hasta un joven necesita, creo que sería aceptable que alguien con setenta u ochenta años tome más de un día libre cada semana si fuera necesario. Además de tomar días libres, también he descubierto que trabajar pocas horas cada día es útil para mí. Este tipo de horario todavía me permite sentirme productiva sin sentirme presionada a exceder el objetivo de hacer lo que puedo con la gracia de Dios.

> *No tiene nada de malo si necesita reposar.*

Cuando Dave está cansado, reposa. Es así de simple. Y si él estuviera cansado por varios días continuos, descansaría durante varios días continuos. No se sentiría culpable ni trataría de descubrir lo que está mal en él, simplemente descansaría. El resultado es que se siente bien el noventa y nueve por ciento del tiempo. Generalmente, si yo estoy cansada, mi primera reacción es tratar de descubrir por qué, en vez de simplemente aceptar mi condición y reposar, pero gracias a Dios, estoy aprendiendo y mejorando en ello constantemente.

Recuerdo que cuando era muy joven en el ministerio, hablé con un hombre que tenía una organización ministerial grande y exitosa. Él mencionó (en realidad, alardeó) que nunca había tomado un día libre en doce años. Me acuerdo de que pensé en ese momento: *¡Qué espiritual debe ser este hombre!* Ahora sé que él estaba siendo insensato, y su orgullo de no tomar un día libre en doce años nos demuestra cuán erróneo pueden ser nuestros pensamientos. Seguramente hay muchas cosas de las que podemos estar orgullosos, aparte de trabajar tan duro que nos enfermamos. Cuando escucho a la gente hablar excesivamente sobre cuán arduamente trabaja y de todo lo que está haciendo, reconozco que hay personas que encuentran su mérito y valor en lo que hacen. Aún necesitan aprender que su valor está en ser hijos de Dios y no en las obras que hacen.

A veces, cuando comparto que mi doctor me recetó dieciocho meses de descanso, responden igual que yo. No saben cómo descansar. Ellos también quieren saber qué deben hacer mientras descansan. El punto no es que, para estar descansando, debemos sentarnos y no hacer absolutamente nada; sino que debemos hacer algo que disfrutemos y nos relaje. Puede ser cualquier cosa que no esté relacionada con el trabajo. Todos nos sentimos renovados con cosas distintas, y cada uno de nosotros debe encontrar el camino para obtener el resultado que necesita.

Recuerdo a una amiga diciéndome que su esposo se llena de energía cuando está rodeado de muchas personas. Ella, en cambio, dice: "¡A mí me agotan!". Algunos encuentran que estar afuera es muy refrescante, mientras que otros descansan al sentarse en su sillón favorito o en un lugar tranquilo y hermoso. Me encanta mi casa. Está decorada de manera conveniente para mí, y creo que está muy bonita, así que me siento cómoda y descansada al quedarme en casa. Nada me gusta más que mi chimenea en un día frío, mi sillón reclinable, una manta liviana y un buen libro o una película. También tengo una amiga que se siente renovada al hacer una caminata de cinco millas (8 km). Si no sabe cómo descansar, empiece por atreverse a probar varias cosas hasta que encuentre algo que funcione para usted.

DESCANSAR ES UN PASO DE FE

De la misma manera que Pedro dio un paso de fe para salir de la barca y caminar sobre el agua, descansar requiere un paso de fe para muchos de nosotros. Necesitamos confiar en que Dios nos ayudará a lograr en seis días lo que creemos que se puede hacer en siete. Esto es parecido al principio de diezmar. Dios puede hacer que el noventa por ciento de nuestro dinero alcance más que el cien por ciento si nosotros, con fe, le damos a Él el primer diez por ciento de todo nuestro ingreso.

Hasta que escribí este libro, nunca había visto que, en cierto sentido, descansar es lo mismo que diezmar. Sin embargo, lo es. Si honramos el principio del descanso (*sabbat*), Dios puede multiplicar nuestro tiempo y nuestra productividad.

No creo que su día de descanso deba ser un día específico. Puede elegir un día y descansar el mismo día cada semana, o puede ajustar el día para que se adapte a su horario. Pero uno de los siete días le pertenece al Señor. Es un regalo que Él le da, y honrar ese día de descanso le ayudará a administrar mejor los otros seis días.

Honrar el día de descanso es uno de los Diez Mandamientos. Aunque nosotros, como creyentes del Nuevo Testamento, ya no estamos sujetos a la Ley Mosaica ceremonial, somos responsables de mantener sus mandamientos morales; estos no han cambiado. No diríamos que está permitido asesinar, mentir o robar porque ahora vivimos bajo el Nuevo Pacto, así que, ¿por qué deberíamos pensar que ya no necesitamos descansar? Todos los mandamientos de Dios son para nuestro bien, y el día de descanso se hizo para la gente, no la gente para el día de descanso. Honrar el día de descanso no es un reglamento que observamos, sino un privilegio que disfrutamos. Dé un paso de fe y empiece a añadir el descanso en su calendario, de la misma manera en que agrega otros compromisos. Le aseguro que Dios le ayudará a lograr todo lo que necesita hacer.

DESCANSO INTERNO

El salmo 23 nos enseña que Dios restaura nuestra alma cuando descansamos. Nuestra alma es la parte interna de nuestro ser, una parte que nadie ve, pero de la que nosotros estamos muy conscientes. El alma de una persona está compuesta de la mente, la voluntad y las emociones. A veces, necesitamos descanso interno (reposo en nuestra alma) incluso más de lo que necesitamos descansar externamente (reposo en nuestro cuerpo). Una persona puede tumbarse sobre la arena en una playa, todo el día, y todavía estar preocupada o enojada. Si ese fuera el caso, la persona no está descansando verdaderamente.

En alguna parte leí que ocho horas de preocupación equivalen a cuarenta horas de trabajo arduo. ¿Cuántas horas de su vida ha desperdiciado al preocuparse? Sé que yo he desperdiciado demasiadas, y eso contribuyó al estrés que finalmente le pasó la factura a mi cuerpo.

> *Ocho horas de preocupación equivalen a cuarenta horas de trabajo arduo.*

Aun así, todavía encontramos todo tipo de razones para preocuparnos. Podemos preocuparnos por lo que la gente piensa de nosotros o de nuestros hijos, por nuestras finanzas, por las condiciones que afectan al mundo, por nuestra salud, por cómo cuidar a nuestros seres queridos que ya son ancianos, por lo que nos pasará cuando envejezcamos y por mil cosas más. Después de todo el tiempo que desperdicié preocupándome, ciertamente aprendí una lección: preocuparse es completamente inútil y no ayuda a cambiar nuestras situaciones, pero sí daña nuestra salud espiritual, mental, emocional y física.

Creo que la única manera de dejar de preocuparnos es estar completamente conscientes de que no podemos resolver nuestros propios problemas. Podemos hacer lo que sabemos

hacer, pero luego debemos entrar en el reposo de Dios y confiar en Él. El escritor de Hebreos dice que los israelitas no
podían entrar en el reposo de Dios a causa de su incredulidad
(Hebreos 3:19). La gente tiene el mismo problema hoy día. El
verdadero reposo, especialmente el descanso interno, viene
de confiar completamente en Dios y creer que Él es fiel y que
nunca nos dejará ni nos abandonará (Deuteronomio 31:6).

Cuando enfrentamos un desafío o una guerra espiritual,
Pablo escribe que "habiéndolo hecho todo", es decir, lo que
la crisis exige, entonces debemos "estar firmes" (Efesios 6:13,
LBLA). La palabra traducida *estar firmes* en este versículo significa permanecer o reposar en Dios. Haga lo que pueda, lo que
usted crea que Dios quiere que haga, luego deje sus problemas
en las manos de Él. Lucas 18:27 dice: "Lo que es imposible
para los hombres es posible para Dios".

Quiero animarlo a darle un descanso a sus emociones al
soltar todos los sentimientos negativos. Sea extremadamente
diligente en librarse del enojo, porque es una emoción especialmente agotadora. La única manera de no estar enojado es
aprender a perdonar rápidamente, de la misma forma que Dios
nos perdona. Mostrarle misericordia a los demás es mucho
mejor para nosotros que juzgarlos. En estos días, hay tantas
personas enojadas que es desastroso. Creo que se puede decir
que vivimos en un mundo de ira, y creo que parcialmente se
debe a que muchas personas se sienten sin esperanza. Gracias
a Dios que nosotros podemos poner nuestra esperanza en Él, y
cuando lo hacemos, Él nunca nos decepciona (Romanos 5:5).
La esperanza es la expectativa de que sucederá algo bueno. El
mundo, la gente que no conoce a Cristo, no tiene esa esperanza

Nuestro estilo de vida, preocupado y apresurado, drena nuestra energía y nos deja agotados, pero eso puede cambiar. Un reposo especial está disponible para nosotros si entramos en él. En Hebreos 4:1-3, leemos que la promesa de entrar en el reposo de Dios sigue vigente, y deberíamos ser cuidadosos de no fallar en alcanzarlo. Como creyentes, podemos entrar en ese reposo.

Durante los meses pasados, he sentido fuertemente que debo fortalecer a las personas en fe animándolas a recordar que todo es posible con Dios. Cuando creemos esta verdad, podemos vivir libres del tormento del temor. Esto incluye el temor a envejecer o el temor a morir. Dios nos tiene, a cada uno, en la palma de su mano y tiene un plan para nosotros. La fecha de nuestra salida de esta tierra ya ha sido fijada, y cuando sea el tiempo de irnos, será glorioso. Tal como escribe Pablo: "el vivir es Cristo y el morir es ganancia" (Filipenses 1:21). Él incluso se sintió muy presionado al tener que elegir entre irse al cielo o quedarse en la tierra:

> Me siento presionado por dos posibilidades: deseo partir y estar con Cristo, que es muchísimo mejor, pero por el bien de ustedes es preferible que yo permanezca en este mundo. Convencido de esto, sé que permaneceré y continuaré con todos ustedes para contribuir a su jubiloso avance en la fe.
>
> Filipenses 1:23-25

Hebreos 4:11 nos enseña diciendo: "esforcémonos" para entrar en el reposo de Dios, lo cual incluye entrar en el reposo respecto al envejecimiento y la muerte. Muchos de nuestros otros esfuerzos son inútiles, porque estamos tratando de hacer lo que solo Dios puede hacer; en cambio, deberíamos hacer un esfuerzo para entrar en el reposo de Dios cada día, en toda situación.

"AHORRE DINERO Y
ADMINISTRE SABIAMENTE SUS
RECURSOS, NO PARA TENER
MÁS PARA SÍ MISMO, SINO
PARA QUE PUEDA AYUDAR Y
BENDECIR A OTROS".

—

J.F.F.

CAPÍTULO 12

EL TEMOR A LO DESCONOCIDO

El temor es un dolor que surge de la expectación del mal.

Aristóteles

Cuando pensamos en envejecer, vemos hacia el futuro y encontramos generalmente un sinnúmero de preguntas sin respuesta.

Preguntamos:

- ¿Cuánto tiempo viviré?
- ¿Morirá mi cónyuge antes que yo?
- ¿Tendré suficiente dinero para cuidar de mí cuando ya no esté trabajando y contribuyendo con un ingreso para la casa?
- Si no puedo trabajar, ¿qué haré con todo mi tiempo?
- ¿Qué va a pasar si me enfermo o sufro de una discapacidad en alguna forma?

No obstante, no debemos temer ni preocuparnos por estas cosas, porque Dios promete ser nuestro guía incluso hasta la muerte (Salmos 48:14). Caminar por fe, por su naturaleza, significa que no lo sabemos todo. La guía de Dios llega un paso a la vez, así que no se desespere si no ve todo el panorama de su futuro en este momento.

Uno de los grandes problemas con los que luchan algunos es con el temor a estar solos. Quizá ya enviudaron y tal vez no tengan hijos, o posiblemente no se tomaron el tiempo para desarrollar relaciones buenas con los hijos que tienen. Quizá no tienen ningún familiar, como hermanos, hermanas o primos, o han sobrevivido a sus amigos más cercanos. Aunque estos temores son comprensibles, también son inútiles. Todo lo que hacen es robar la energía que se necesita para vivir hoy y, definitivamente, no ayudan para el mañana. Tal como Aristóteles señaló justamente, el temor surge de la expectación del mal.

De acuerdo con la versión bíblica *Amplified Bible, Classic Edition* (disponible solo en inglés) de Proverbios 15:15, yo me refiero a esos temores como "premoniciones malignas". Este versículo dice que "para el afligido, todos los días son malos". La causa de la aflicción son los pensamientos y las premoniciones de ansiedad. Nosotros podemos tomar la decisión de creer que nos pasará algo bueno con la misma facilidad con la que podemos creer que sucederá algo malo. Creer que sucederán cosas buenas es mucho más sano para nosotros que tener una perspectiva negativa.

Una amiga mía asistió recientemente a una reunión de oración junto con otros 1200 asistentes y muchos más que participaron en línea. Desde más de cien naciones alrededor del mundo, las personas enviaban electrónicamente peticiones de oración a la reunión. Cuando los líderes notaron cuántas peticiones mencionaban estar temerosos de algo, ellos comentaron que habían leído que el temor es uno de los problemas más grandes que la gente enfrenta hoy día. Al sentir la guía del Espíritu Santo, concentraron las oraciones de toda la noche en atacar al temor y pedirle a Dios que le ayudara a la gente a superarlo.

Una vez leí que, en la mayoría de los casos, el temor a algo es generalmente mucho peor de lo que sería si lo que se teme realmente pasara. Al poner nuestra confianza en Dios, Él siempre nos da la gracia (capacidad) para manejar cosas difíciles; sin embargo, no nos la dará sino hasta que en realidad la necesitemos. Si vemos al futuro y no confiamos en Dios, estamos mirando hacia adelante sin gracia. Pero la fe nos hace ver al futuro sabiendo que la gracia llegará cuando la necesitemos.

> El temor a algo es generalmente mucho peor de lo que sería si lo que se teme realmente pasara.

Escuché una historia acerca de un joven ministro que estaba en la cárcel junto con un ministro de la tercera edad. Ambos estaban sentenciados a ser quemados en la hoguera la mañana siguiente por proclamar su fe en Jesús. El joven estaba notoriamente molesto, pero el anciano estaba muy tranquilo. El joven prendió un cerillo para encender una vela y se quemó el dedo. Con mucha emotividad, preguntó cómo podría él soportar ser quemado en la hoguera si quemarse un dedo dolía tanto. El anciano ministro le dijo sabiamente que Dios no le había dado gracia para quemarse el dedo, sino que, como su siervo, Él le daría gracia para ser quemado en la hoguera cuando amaneciera.

Ninguno de nosotros sabe lo que nos depara el futuro, pero por medio de la fe, sí sabemos quién es el que guarda nuestro futuro. Yo espero cosas buenas, pero si vienen problemas, yo sé que Dios me fortalecerá y me dará la gracia (poder y capacidad) para manejarlo.

LA BELLEZA DE CONFIAR EN DIOS

Esta mañana, estaba hablando con alguien sobre lo fácil que se vuelve la vida cuando aprendemos finalmente a confiar en Dios y a creer que Él cuidará de nosotros. No todo sale siempre exactamente como lo queremos, pero Dios sí hace que todo coopere para bien para los que lo aman y quieren la voluntad de Él (Romanos 8:28).

Finalmente he llegado a darme cuenta de que cuando tengo un problema que no puedo resolver, sí puedo entregárselo a Dios a través de la oración y estar en paz mientras Él resuelve la situación. Ciertamente, llegar a ese punto me tomó una cantidad de años, así que no se sienta mal si usted todavía no ha llegado allí. Mientras más experiencia tenga con Dios y mientras más ve su fidelidad, más fácil se vuelve entregarle sus ansiedades y temores.

Para todos, pero especialmente para quienes están en los últimos años de su vida, poder orar en vez de preocuparse es una bendición tremenda, porque Dios responde indudablemente las oraciones. Él hace cosas que usted y yo no podemos hacer, y a nosotros nos toca disfrutar la victoria. Dios siempre abre un camino para quienes confían en Él.

La preocupación le roba el poder que necesita para vivir hoy, porque muchas veces opera en el pasado o el futuro, y usted nada puede hacer respecto a ninguno de ellos. Piense esto: ¿Cuántas veces se preocupa la gente por lo que pasará (futuro) o por las consecuencias de lo que pasó (pasado)? No tengo una estadística, ¡pero creo que *muchísimo*! Claro está, la gente también se preocupa por lo que está sucediendo en el presente, y eso le roba el poder para vivir y disfrutar el día que enfrentan.

Incluso, la preocupación puede dañar su cuerpo. Se sabe que a las personas les da úlceras y una gran variedad de molestias estomacales. También puede causar problemas de colon, jaquecas, tensión nerviosa y malhumor. Incluso, al cáncer se le ha relacionado al estrés de la preocupación. Si tiene discapacidad física, le animo a vivir un día a la vez y no desperdicie el hoy preocupándose por el mañana.

Recientemente vi una caricatura con una leyenda que me hizo reír mucho. Decía: "Cuando tienes más de cuarenta y te dicen que te pongas un apósito donde duele, así es como te ves". El dibujo de adentro mostraba a un hombre con un apósito enorme cubriendo todo su cuerpo, de pies a cabeza.

Es obvio que la caricatura es una exageración, pero a medida que envejecemos, es posible que tengamos días en que sentimos que todo nos duele. Soy más tiesa de lo que fui alguna vez, especialmente en las mañanas, así que tengo una rutina de estiramiento que hago al iniciar el día y que dura aproximadamente quince minutos. Esto me ayuda a aliviar la rigidez y a controlar un dolor de espalda que tengo. Los ejercicios de estiramiento apropiado son importantes, especialmente cuando estamos envejeciendo. Antes de que empiece una rutina de estiramiento, le recomiendo que busque consejo médico sobre cómo estirarse adecuadamente, porque si estira los músculos rígidos muy rápidamente, podría lastimarse.

Algunos días parece que mi cuerpo se levanta y mi cerebro se queda acostado, y sentirme alerta me toma un tiempo. Recuerdo los años cuando podía levantarme de un salto y empezar a tomar decisiones y a hacer todo tipo de cosas,

> *Algunos días parece que mi cuerpo se levanta y mi cerebro se queda acostado.*

pero ahora, necesito un poco más de tiempo para que mi cuerpo y mi mente cooperen conmigo.

Una vez, dejé que desafíos físicos como estos me hicieran pensar: *¡Estoy poniéndome vieja!* Sin embargo, ya no lo hago más; simplemente me di cuenta de que son parte del proceso de envejecimiento y hago todo lo que puedo para combatir los síntomas. Le pregunté a mi entrenador: "Si vivo hasta llegar a los noventa y todavía estoy haciendo el mismo ejercicio que hago ahora, ¿podré todavía levantar la misma cantidad de peso?".

Sin dudarlo, dijo: "No", y prosiguió a explicar que nuestro cuerpo envejece, y que eso es simplemente parte de la vida.

Él me aseguró de que estoy en una condición suficientemente buena, resultado de años previos de hacer ejercicio, y que todavía podré ejercitarme en el futuro, solo que no al mismo nivel que ahora. Dese permiso para cambiar a medida que envejece sin sentir que eso lo hace viejo o débil y enfermo.

CÓMO LIDIAR CON LA DUDA Y LA INCERTIDUMBRE

A medida que envejezcamos, necesitaremos tomar muchas decisiones importantes. Tendremos que decidir cuánto tiempo seguiremos trabajando antes de retirarnos. Podríamos darnos cuenta de que ya no necesitamos la casa grande donde vivíamos cuando nuestros hijos eran pequeños y tenemos que decidir si la vendemos. Si lo hacemos, necesitaremos decidir si nos mudamos a algo más pequeño o más accesible, quizá un condominio, un apartamento, o incluso un hogar de retiro donde podamos tener acceso a distintas actividades y a otras personas en la misma etapa de la vida. Si tiene hijos que lo aman, ellos pueden ayudarle con muchas de esas decisiones, pero al final, solamente usted puede decidir lo que quiere y lo que más le conviene.

Tomar una decisión y luego dudar de ella o preguntarse si tomó la decisión correcta es algo común. En realidad, la duda es una forma de temor y puede traer mucha confusión a una circunstancia. ¿Alguna vez ha pensado: *Habré tomado la decisión correcta? No lo sé. Tal vez, sí. Bueno, quizá no.*

Podemos repasarlo para siempre en nuestra mente, pero he descubierto que cuando estoy confundida, el mejor curso de acción es detenerme, apagar mi cerebro y solamente ver lo que está en mi corazón, no para descifrar lo que yo *pienso* que debo hacer, sino lo que *creo* que debo hacer.

Cualquier decisión, especialmente una importante, merece una cantidad de tiempo razonable para que oremos y analicemos la mejor opción. Sin embargo, al final tendremos que tomar una decisión y avanzar. El diablo diseñó el temor para impedirnos seguir adelante. Él lo usa ya sea para hacernos retroceder o para mantenernos atorados en un lugar. La fe es el regalo de Dios para quienes creen, y con fe podemos conquistar y vencer al temor. Este es un versículo al que me he aferrado durante muchos años, mientras estaba en el proceso de dejar que Dios me ayudara a enfrentar el temor y a vencerlo.

Busqué al Señor, y Él me respondió, y me libró de todos mis temores.

Salmos 34:4, LBLA

Le pregunto: ¿A qué le tiene temor hoy? ¿Tiene temor de envejecer? No se olvide de que puede envejecer sin avejentarse, pero la vejez es algo que nos sucede a todos. No hay manera de que pueda detenerla, así que no hay necesidad de temerle. Con fe en Dios, estará listo para cualquier cosa que necesite hacer cuando llegue el momento. Tiene la promesa de que Él nunca lo dejará ni lo abandonará, y Él siempre le proveerá.

Él mismo ha dicho: NUNCA TE DEJARÉ NI TE DESAMPARARÉ,
de manera que decimos confiadamente: EL SEÑOR ES EL
QUE ME AYUDA; NO TEMERÉ...

Hebreos 13:5-6, LBLA

Este versículo es muy motivante, y puede acudir a él siempre que sienta temor respecto al futuro desconocido.

NO LE TEMA A ENVEJECER

Es fácil caer en la trampa de sentirse amedrentado por el
envejecimiento, porque sabemos que habrá cosas que hacemos ahora que no podremos hacer después. Podría ser un
deporte, un pasatiempo, algún tipo de trabajo o cualquier
cantidad de actividades. El miedo no evita que algo se lleve
a cabo, solamente nos roba el tiempo que tenemos ahora.
Quiero compartirle dos palabras que le ayudarán a disfrutar
más cada día: *No tema*. El temor es sencillamente la expectativa de tener una experiencia
desagradable. Al igual que el
miedo, es lo opuesto a la fe y la
esperanza.

> *El miedo no evita que algo se lleve a cabo, solamente nos roba el tiempo que tenemos ahora.*

Dios no quiere que usted
tenga miedo o temor de nada.
Eso solamente le robará su gozo y su fuerza para lograr lo que
necesita hacer. Estar libre de temor y miedo no significa que
nunca los sentirá, sencillamente quiere decir que no les permitirá que controlen sus decisiones. Escribí un libro completo

sobre este tema, titulado *Hágalo con miedo*, específicamente para ayudar a la gente a librarse de que el temor controle las decisiones que toma.

Recuerde siempre que su actitud hacia cada situación determina si la va a disfrutar o no. Su actitud le pertenece a usted, y nadie puede obligarlo a tener una mala actitud si usted no quiere.

"DESEARÍA QUE ALGUIEN
ME HUBIERA HABLADO MÁS
SOBRE LOS CAMBIOS FÍSICOS Y
HORMONALES QUE ACOMPAÑAN
AL ENVEJECIMIENTO, NO
SIMPLEMENTE EN UNA MANERA
COMO 'AGRADECE QUE NO
TIENES MI EDAD', SINO CON UNA
DISPOSICIÓN PARA COMPARTIR
SABIDURÍA, COMUNICACIÓN
SINCERA Y CON CARIÑO".

—

M.J.

CAPÍTULO 13

ESCUCHE SU CUERPO

Si escucha su cuerpo cuando le susurre, no tendrá que escucharlo gritar.

Anónimo

Un doctor me dijo una vez que mi mente era más fuerte que mi cuerpo. Luego me dijo que mi mente me estaba metiendo en problemas respecto a mi salud porque, incluso cuando mi cuerpo me indicaba que descansara, mi mente me decía que me esforzara y siguiera adelante. En esa época, yo pensaba que eso era algo por lo cual sentirme orgullosa, pero ahora me doy cuenta de que no fue sabio de mi parte no haber escuchado mi cuerpo, y tampoco es sabio que usted no escuche al suyo.

Creo que nuestro cuerpo muchas veces no advierte cuando algo está mal físicamente o cuando necesitamos ponerle atención. El dolor es una de esas señales de advertencia. Al principio, el dolor susurra que algo podría estar mal, pero si lo ignoramos durante mucho tiempo, con el tiempo gritará tan fuerte que nos obligará a escuchar.

Hablo con muchas personas que me cuentan sobre sus dolencias físicas, pero cuando les pregunto si han ido a ver al doctor, me dicen que no. Algunos dicen que no les gustan los médicos o que no confían en ellos, y otros hasta admiten que temen el diagnóstico que les puedan dar. Todas estas razones son absurdas. Los problemas no desaparecen solo porque la gente los ignore.

Mencioné anteriormente que tuve cáncer de seno, pero que no necesité tratamientos de quimioterapia ni de radiación porque el tumor era muy pequeño cuando lo descubrieron. Lo hallaron a tiempo, porque yo me hacía mis mamografías con regularidad. Miles de mujeres posponen la experiencia desagradable de una mamografía y, más tarde, descubren que tienen un problema severo. Siempre es mejor ser proactivo al tratar con nuestra salud de manera que después no tengamos que reaccionar ante la crisis de una emergencia médica.

> *Al principio, el dolor susurra que algo podría estar mal, pero si lo ignoramos durante mucho tiempo, con el tiempo gritará.*

Usted podría decir: "Yo confío en Dios en vez de confiar en los doctores". Si así es, yo entiendo. Dije las mismas palabras durante mucho tiempo. Pero ¿qué pasa si Dios nos dio a los doctores como un regalo? Yo creo que toda sanidad viene de Dios. Puede llegar milagrosamente, pero también podría llegar a través de la tecnología y la destreza médica que Dios les ha dado para ayudarnos a sanar.

Leí un libro escrito por un hombre de Dios muy conocido, quien sufrió de depresión durante años. Finalmente, empezó a tomar medicamentos para su condición. Su doctor le había estado pidiendo durante mucho tiempo que probara el medicamento, pero él se negaba porque confiaba en que Dios lo sanaría. El medicamento lo ayudó grandemente, y en un corto periodo de tiempo dejó de sufrir depresión. Dijo que aprendió a agradecerle a Dios cada mañana cuando tomaba su pequeña píldora y la consideraba el milagro que Dios le dio.

Jesús es nuestro sanador. Siempre propongo acudir a Dios y pedirle que nos sane y guíe para manejar nuestras situaciones con sabiduría, antes de buscar la ayuda de alguien más. También creo que la sanidad viene de Dios y que Él les da a los profesionales médicos la destreza que tienen. Dios sana, hace milagros y obra a través de los doctores y la tecnología médica. Si usted cree realmente que Dios no quiere que vaya al doctor, asegúrese de que no está sencillamente posponiendo la consulta y negándose a ir solo por orgullo, terquedad o temor a un diagnóstico negativo.

SEA SABIO

Si nos ocupamos de los problemas cuando son pequeños, muchas veces evitaremos tener que lidiar con los grandes más adelante. Hacerlo es aplicar la sabiduría, que es uno de los regalos más grandes que Dios nos ha dado; es la aplicación exacta del conocimiento. Me gusta decir: "La sabiduría es hacer ahora lo que le hará feliz después".

Cuando Dave tenía entre 45 y 50 años, me di cuenta de que no estaba cenando. Cuando le pregunté por qué, me dijo que sentía que estaba un poco pasado de peso para su edad, así que redujo la cantidad de comida hasta perder quince libras. Yo no pensaba que él estaba demasiado pasado de peso, pero Dave sintió en su corazón que se sentiría mejor si no tuviera ese exceso de peso e hizo lo que debía. Lo escuché recientemente decir que tiene planes de reducir la cantidad de peso que levanta en el gimnasio, porque siente que las pesas grandes que ha estado levantando ya no son buenas para él. Dave es un hombre que escucha su cuerpo, y por eso, y la gracia de Dios, se mantiene excepcionalmente sano.

Hace varios años, Dave empezó a sentirse a veces tembloroso internamente o nervioso, y lo detestaba. Es un hombre motivado por la paz, así que sentirse nervioso era especialmente difícil para él. Con el tiempo, se dio cuenta de que se sentía tembloroso después de tomar cafeína o comer azúcar. Él tiene antecedentes familiares de diabetes, así que fue al médico, pero descubrió que no tenía problemas de azúcar en la sangre. El doctor no tuvo una respuesta de por qué lo estaba molestando el azúcar, pero sí sugirió que tal vez era solo que estaba desarrollando una sensibilidad a eso por alguna razón.

La mayoría de los que beben cafeína no quieren dejarla, y muchos de nosotros no queremos evitar las cosas dulces tampoco. Sin embargo, después de un par de años de tener los mismos síntomas una y otra vez, Dave tomó una decisión. Dijo: "No vale la pena seguir obligándome a sentirme de esta manera, así que ya no voy a comer cosas dulces". Él puede tomar un poco de cafeína de vez en cuando, pero permanece alejado de cualquier tipo de azúcar. Me pregunto cuántas personas de las que leen este libro continúan teniendo el mismo problema una y otra vez, pero no tratan la situación que lo causa.

La sabiduría ve lo que debe hacerse y lo hace. Si usted no duerme lo suficiente, la respuesta es que se acueste más temprano. Si hay mucho estrés en su vida, la respuesta es quitar algunas cosas de su horario para que no esté tan ocupado.

> *La sabiduría ve lo que debe hacerse y lo hace.*

Si come demasiada azúcar, disminuya la ingesta. Con mucha frecuencia, las respuestas a nuestros problemas grandes serían sencillas si tan solo hiciéramos lo que sabemos que debemos hacer. Mientras más jóvenes seamos cuando empecemos a aplicar sabiduría a nuestra vida, mejor nos sentiremos conforme envejezcamos. ¡No podemos sencillamente abusar de nuestro cuerpo y tener la expectativa de que nos sentiremos bien!

El libro de Proverbios está lleno de sabiduría. Contiene respuestas sencillas y prácticas para nuestros problemas cotidianos. Por ejemplo: Proverbios menciona frecuentemente la disciplina. Si queremos sentirnos bien en lo físico, necesitaremos definitivamente usar la disciplina en muchas áreas de nuestra vida. Debemos aplicarla a nuestra alimentación, al sueño, al ejercicio, al trabajo, a la preocupación, a la forma en que manejamos el enojo y muchas otras áreas de nuestra vida. Cuando se aplica regularmente, la disciplina rinde resultados maravillosos.

Hay enfermedades y otros problemas físicos que podemos contraer sin que sea nuestra responsabilidad, pero si podemos hacer algo para ayudarnos a estar sanos y sentirnos bien, entonces, debemos hacerlo.

SÉ QUE NO DEBERÍA HACERLO, PERO...

¿Se ha escuchado a sí mismo o a los demás diciendo: "Sé que no debería hacer esto...", pero de todos modos lo hacen? Si lo pensamos realmente, esta afirmación revela mucho. Significa que sabemos lo que es correcto, pero optamos por hacer lo incorrecto de todos modos y esperamos no experimentar ningún resultado malo.

La lección principal que aprendo de estudiar Proverbios es esta: todo lo que hacemos tiene una consecuencia. Si elegimos bien, los resultados son buenos; y si elegimos mal, ¡los resultados no son buenos! El libro de Proverbios habla continuamente del sabio y del necio, y nos dice cómo les va. Ambos tienen las mismas opciones, pero la calidad de su vida depende de las decisiones que toman.

> El sabio teme y se aparta del mal, pero el necio es arrogante y descuidado.
>
> Proverbios 14:16, LBLA

Pablo, en su carta a los efesios, dice que debemos ser cuidadosos en nuestra manera de vivir. Nos insta a comportarnos como sabios y no como necios, y dice que no seamos insensatos (Efesios 5:15-17). El apóstol Santiago nos enseña que saber hacer el bien y no hacerlo es pecado (Santiago 4:17).

Si sabe de los cambios que necesita hacer para cuidar mejor su salud, entonces, ahora es el momento de actuar. No importa la década de su vida en la que se encuentra, si tiene veinte u ochenta años, todavía puede ayudarse tomando decisiones sabias. Mientras más pronto tome buenas decisiones, menos problemas tendrá en la vida, pero nunca es demasiado tarde para empezar.

HONRE A DIOS CON SU CUERPO

¿Acaso no saben que su cuerpo es templo del Espíritu Santo, quien está en ustedes y al que han recibido de parte de Dios? Ustedes no son sus propios dueños; fueron comprados por un precio. Por tanto, honren con su cuerpo a Dios.

1 Corintios 6:19-20

Creo que cuidar bien nuestra salud es una forma de honrar a Dios con nuestro cuerpo. Somos la morada terrenal del Espíritu de Dios, y definitivamente queremos cuidar bien la casa de Él.

Todos envejecemos, pero no tenemos que avejentarnos. Podemos ser como Moisés, quien a los ciento veinte años de edad, cuando murió, todavía tenía buena visión y todavía estaba fuerte. (Deuteronomio 34:7). La gente vivía más tiempo en la época de Moisés que hoy en día, pero querer estar fuerte durante todos los días de su vida es un buen objetivo. Si ya ha dañado su cuerpo a través de malas decisiones, recuperar su salud podría tomar mucho tiempo, pero puede hacer su mejor esfuerzo para cooperar con el plan de restauración que Dios tiene para su vida.

Me siento contenta cuando me doy cuenta de que, después de todo lo que he pasado en mi vida, a mis setenta y ocho primaveras estoy sentada aquí, escribiendo, con la esperanza de que usted podrá aprovechar este libro para cuidarse mejor de lo que yo me cuidé. Siempre digo que mi testimonio más grande es: "Aún estoy aquí". Me siento mucho mejor ahora de lo que me sentía hace tres años, y continúo progresando.

Si usted me preguntara qué creo que estoy haciendo ahora que me ayuda más a nivel práctico, yo diría que tomar tiempo a menudo para descansar, comer sin exceso, tomar mis vitaminas, y dormir durante ocho o nueve horas cada noche porque esa es la cantidad que necesito, hacer ejercicio habitualmente, decir "no" cuando es necesario, beber mucha agua, tomar los medicamentos que mi cuerpo necesita y continuar ayudando a los demás. Tengo a quiénes amar y un propósito para vivir, y todavía estoy en busca del sueño de Dios para mi vida.

La gente me pregunta frecuentemente cuándo me voy a retirar o si tengo algún plan para el retiro. Puedo decir sinceramente que no tengo ningún plan para el retiro. Mientras Dios me dé la gracia para seguir adelante, no creo que mi edad le importe a nadie, y definitivamente no es importante para mí.

Mantenerse espiritualmente fuerte es tan importante para nuestro bienestar como mantenerse físicamente fuerte. Paso tiempo de calidad con Dios, estudio su Palabra diariamente, lo amo con todas mis fuerzas y deseo complacerlo en todo lo que hago. Amar a la gente tiene mucha importancia para mí, porque creo que es primordial para nuestro Señor. Además, me gusta especialmente ayudar a los necesitados. Me da gozo y el gozo del Señor es nuestra fortaleza (Nehemías 8:10).

"MI PADRE, QUIEN NACIÓ EN 1913, ME DIJO LO SIGUIENTE SOBRE EL ENVEJECIMIENTO: 'SIGUE TRATANDO DE HACER LAS COSAS QUE TE DESAFÍAN, E INCLUYE SIEMPRE A GENTE MÁS JOVEN QUE TÚ ENTRE TUS AMISTADES'. MÁS DE CIEN AÑOS DESPUÉS, ESTE CONTINÚA SIENDO UN CONSEJO MARAVILLOSO".

—

L.M.B.

CAPÍTULO 14

NUNCA ES TARDE PARA HACER ALGO GRANDIOSO

Nunca se es demasiado viejo para fijarse una nueva meta o para tener un nuevo sueño.

C. S. Lewis

Uno de los pensamientos más derrotistas que podemos pensar es que somos demasiado viejos para empezar algo nuevo. En vez de pensar: *Soy muy viejo para empezar eso ahora*, puede pensar: *Ahora que tengo más tiempo, finalmente puedo hacer las cosas que siempre he querido.*

Empecé Joyce Meyer Ministries cuando tenía cuarenta y dos años y no fue sino hasta que tenía cincuenta que entré a la televisión. Nunca pensé que era demasiado vieja, por lo tanto, no lo era. Hay muchísimas personas que hicieron grandes cosas a una edad más avanzada.

Vera Wang, la diseñadora famosa, empezó haciendo patinaje artístico a los siete años de edad, su sueño era formar parte del equipo olímpico. Sin embargo, para cuando ella era adolescente, se dio cuenta de que no podría alcanzar el nivel de éxito requerido para ser una campeona. Creo que se requiere de mucha valentía para voltear la página y estar abierto a experiencias nuevas. Ella decidió hacer el cambio hacia una carrera de modas y fue a estudiar a París. Mientras trabajaba como vendedora en Yves Saint Laurent, conoció al director de moda de la revista *Vogue*, recibió una oferta de empleo e invirtió casi veinte años en la revista. Más tarde, se convirtió en directora de diseño de Ralph Lauren, luego abrió una tienda de vestidos de novia y, finalmente, lanzó su propia compañía. Ella ha sido extremadamente exitosa.

Cuando no podemos hacer algo, es importante aceptarlo, así como lo hizo Vera Wang. De otro modo, podríamos pasar nuestra vida siendo mediocres en algo en vez de descubrir lo que podemos hacer con excelencia. Vera ha dicho que cada vez que hacía un cambio, era muy doloroso, pero debido a que no sentía que hubiera alcanzado la cima de su carrera, continuaba en busca de su destino. Se dio cuenta de que no intentarlo era peor que fracasar.

A menudo, el recorrido que tomamos es lo que nos da la experiencia para lo que hacemos finalmente con nuestra vida. Antes de sentir el llamado para enseñar la Palabra de Dios, fui mesera, contadora, jefe de oficina, jefe de crédito y ama de casa.

Quizá siempre ha habido en su corazón algo que quería

> *El recorrido que tomamos es lo que nos da la experiencia para lo que hacemos finalmente con nuestra vida.*

hacer, pero que nunca tuvo la oportunidad o nunca tomó el riesgo. O, tal vez, Dios tiene algo para usted que es toda una sorpresa, así como lo hizo conmigo. De cualquier manera, nunca tenga temor de que sea demasiado tarde para hacer algo grandioso.

Al mismo tiempo, quiero animarlo a que no se sienta obligado a *tener* que hacer algo grandioso en la vida. Si quiere descansar, viajar y disfrutar la vida, eso también está bien. El punto que quiero comunicar es que es importante que no deje que su edad sea el factor que defina la decisión que va a tomar. Me he descubierto pensando, a veces, cuando tengo ideas nuevas: *Es un poco tarde en mi vida para lanzar algo grande.* Pero luego recuerdo a Caleb, quien le pidió a Dios que le diera una montaña cuando tenía ochenta y cinco años (Josué 14:10-15).

Algunos creen que Ray Kroc, el fundador de los restaurantes McDonald's, tuvo éxito de la noche a la mañana, pero él dijo que su éxito tuvo un proceso de treinta años. Él estableció McDonald's cuando tenía cincuenta y dos años, pero había estado trabajando, durante treinta años antes de eso, como piloto de ambulancia para la Cruz Roja, pianista, vendedor de vasos desechables y vendedor de máquinas Multimixer. Como parte de sus viajes de trabajo, visitó en San Bernardino, California, un restaurante que le había comprado varias Multimixers. En ese viaje, conoció a los hermanos McDonald, quienes tenían un restaurante exitoso con un menú limitado que incluía hamburguesas, papas fritas y bebidas. En 1955, compró los derechos de la marca McDonald's, y para 1958, McDonald's había vendido cien millones de su hamburguesa.

El coronel Sanders, del afamado Kentucky Fried Chicken, también hizo algo extraordinario cuando ya estaba mayor. Esta es su historia, tomada de Biography.com: Harland David Sanders nació el 9 de septiembre de 1890, en Henryville, Indiana. Después de la muerte de su padre, cuando Sanders tenía seis años, quedó responsable de alimentar y cuidar a sus hermanos más pequeños. Empezando a temprana edad, tuvo muchos empleos, incluyendo el de granjero, conductor de tranvía, fogonero y vendedor de seguros.

A los cuarenta años, Sanders dirigía una estación de servicio en Kentucky, donde también alimentaba a los hambrientos viajeros. Con el tiempo, trasladó sus operaciones a un restaurante que quedaba al otro lado de la calle y vendía pollo frito, tan destacado que el gobernador Ruby Laffoon lo llamó coronel Kentucky en 1935.

En 1952, Sanders empezó a vender la franquicia de su negocio de pollo. La primera franquicia se la vendió a Pete Harman, quien dirigía un restaurante en Salt Lake City, donde "Kentucky Fried Chicken" tuvo la atracción de una especialidad regional sureña. Cuando la nueva carretera interestatal redujo el tráfico en el restaurante de Sanders, en Carolina del Norte, él vendió el sitio en 1955. Luego, [a los 65 años] empezó a viajar por todo el país cocinando tandas de pollo de un restaurante a otro, cerrando tratos que le pagaban cinco centavos por cada pollo que el restaurante vendía. En 1964, con más de 600 sucursales, vendió su interés en la empresa a un grupo de inversionistas por la suma de dos millones de dólares.

La famosa chef Julia Child tenía cuarenta y nueve años cuando ella y otras dos mujeres publicaron el libro *Mastering the Art of French Cooking* [Dominar el arte de la cocina francesa], lo que lanzó su carrera.

Susan Boyle, la asombrosa cantante, fue descubierta a la edad de cuarenta y siete años en el show de televisión *Britain's Got Talent*. Ella era una trabajadora social desempleada que vivía sola con su gato, Pebbles, y que nunca había recibido un beso. Cuando salió al escenario para cantar, nadie pensó que podría hacerlo bien a juzgar por su apariencia y sus gestos. Sin embargo, ella sorprendió a todos cuando abrió su boca y salió una voz asombrosa. Diez años después, ha vendido millones de álbumes y ganado dos premios Grammy.

Usted también todavía podría sorprender a la gente, ¡si no tiene miedo de intentar cosas nuevas!

NO PERMITA QUE LA GENTE DETERMINE SU DESTINO

El estadounidense Fred Astaire fue un célebre bailarín, cantante, actor, coreógrafo y presentador de televisión cuya carrera abarcó setenta y seis años. En su primera audición, le dijeron que no podía cantar, que se estaba quedando calvo y que podía bailar *un poquito*. La historia está llena de anécdotas como esta; anécdotas de personas que a los demás les parecían insignificantes, pero que terminaron sorprendién-dolos a todos porque no dejaron de seguir intentando.

Al igual que muchos otros, a mí me dijeron que no había posibilidad de que tuviera un ministerio exitoso. La gente negativa dijo que no tenía la preparación académica, que las mujeres no tenían lugar en el ministerio, y que yo no tenía la personalidad adecuada. La gente tenía razón. Sin embargo, lo que sí tenía era a Dios, y ¡con Dios todo es posible! Ahora, cuarenta y cinco años después de esas declaraciones de fatali-dad, yo todavía sigo teniendo éxito para Él.

Dios elige y usa a lo insensato del mundo para avergon-zar a los que se creen sabios. Muchas veces, él toma lo que el mundo descartaría como inútil y lo usa para su gloria (1 Corintios 1:27-31). Sin importar cuánto pudo haber fallado en el pasado, Dios puede tomar los fragmentos de su vida y organizarlos de tal manera que se conviertan en algo sorprendente.

Si permitimos que lo que piensen y digan los demás sobre nosotros determine lo que vamos a hacer o dejaremos de hacer, la mayoría de nosotros no haría mucho. Siempre hay un montón de personas que dudan de que alguna vez podamos lograr algo, pero "si Dios está de nuestra parte, ¿quién puede estar en con-tra nuestra?" (Romanos 8:31). ¿O quién puede impedirnos triunfar?

> Si permitimos que lo que piensen y digan los demás sobre nosotros determine lo que vamos a hacer o dejaremos de hacer, la mayoría de nosotros no haría mucho.

Hacer algo grandioso no significa que tenga que hacerlo sobre una plataforma o un escenario. La esposa de mi hijo es una mujer sorprendente, el sueño de su vida era ser esposa y madre. Tienen cuatro hijos varones, todos menores de once años. Ella les da clases en casa y es una mamá excelente y una esposa maravillosa. Para mí, ella es sorprendente, y quién sabe, ella y mi hijo podrían estar criando a un futuro presidente, a un campeón de esquí olímpico o a cuatro grandiosos hombres de Dios.

Yo pienso que todos mis hijos son maravillosos, estoy segura de que usted también piensa lo mismo de los suyos, si los tiene. Sin embargo, aún más importante es que Dios piensa que todos somos maravillosos. Jóvenes o viejos, con o sin preparación académica, ricos o pobres... Dios tiene planes grandiosos para todos nosotros.

> Sin embargo, como está escrito: "Ningún ojo ha visto, ningún oído ha escuchado, ninguna mente humana ha concebido lo que Dios ha preparado para quienes lo aman".
>
> 1 Corintios 2:9

Dios tiene planes para su vida que usted ni siquiera se imagina, pero tiene que creer que con Él todo es posible (Mateo 19:26). Usted no tiene que ser especialmente talentoso, solo necesita amar a Dios. Él le guiará y capacitará para hacer cosas en sus últimos años que los demás ni siquiera pudieron hacer en su juventud.

NUNCA DIGA "NO HAY MANERA"

Tenemos el hábito de permitir que las limitaciones de nuestro pensamiento determinen lo que podemos o no podemos hacer. Sin embargo, cuando se nos acaba nuestra fortaleza humana, es cuando Dios toma el control. Admitiré que, a los setenta y ocho años, no tengo la energía y resistencia natural que una vez tuve. He tenido que desacelerar y, naturalmente, no estoy haciendo tanto como antes. Pero Dios me está mostrando maneras de lograr más con menos esfuerzo. Eso es lo que sucede cuando Él bendice algo.

Todos los días de mi vida, me apropio del mismo consejo que le estoy dando en este libro. Yo no me permito quedarme en la cama y temer a levantarme porque sé que alguna parte de mi cuerpo puede doler. Me niego a desperdiciar el tiempo soñando sobre los "viejos tiempos", sino que saco el mayor provecho de los buenos tiempos que todavía tengo. Hago mi mejor esfuerzo para cuidarme a mí misma por medio del ejercicio, comer adecuadamente (al menos la mayor parte del tiempo), descansar apropiadamente y no preocuparme o permitir que otras emociones negativas me agoten las energías que necesito para vivir.

Cuando hay un desafío que me confronta y me escucho a mí misma pensando: *No hay manera en que yo pueda hacer eso*. Entonces, recuerdo que, con Dios, nunca estamos sin salida, porque Él es "el camino" (Juan 14:6). Si digo que no puedo hacer algo, es solo porque sé que Dios no quiere que lo haga; de lo contrario, sigo adelante caminando un paso firme a la vez y me sorprendo de lo que Dios hace diariamente.

Cuando no sabemos qué camino seguir en determinada situación, Dios puede mostrarnos una nueva ruta, quizá una en la que nadie haya pensado jamás. Nuestra parte consiste en no rendirnos si queremos ver el poder sorprendente de Dios en acción.

En el Evangelio de Lucas, leemos la historia de un hombre que estaba demasiado enfermo para caminar, sus amigos lo llevaban cargado en una camilla para ir a ver a Jesús. Llegaron a la casa donde estaba Jesús, pero no encontraron una manera para entrar debido a la gran multitud. En vez de rendirse y regresar a casa, subieron al techo, quitaron algunos ladrillos y bajaron al hombre sobre su camilla, en medio de la multitud, justo frente a Jesús (Lucas 5:17-19). Cuando Jesús vio su fe, dijo: "Amigo, tus pecados quedan perdonados", y sanó al hombre (Lucas 5:20, 24-25). Nuestra fe mueve a Dios, no nuestra duda, temor, miedo o incredulidad.

Una de mis historias bíblicas favoritas se trata de un recolector de impuestos muy rico, llamado Zaqueo. Cuando escuchó que Jesús venía a su pueblo, él quería verlo. Sin embargo, Zaqueo era un hombre bajo de estatura y no podía ver por encima de la multitud. En vez de decir: "No hay manera", y rendirse, él buscó una. Corrió delante de la muchedumbre y subió a un árbol para poder ver a Jesús. No solo vio a Jesús, sino que Jesús lo vio a él también. Cuando Jesús se acercó al árbol, miró hacia arriba y le dijo a Zaqueo que bajara, porque Él se quedaría en su casa ese día (Lucas 19:1-6).

Esta historia es sorprendente porque los recolectores de impuestos eran notoriamente malvados en la época del Nuevo Testamento. La gente los odiaba, no solo porque recolectaban impuestos, sino también porque muchas veces añadían a los impuestos para quedarse con parte del dinero. Jesús no juzgó a Zaqueo según su pecado, sino que vio su fe. La gente murmuraba de Jesús debido a que fue a la casa de un pecador. Pero ellos no sabían toda la historia, que es lo que generalmente pasa cuando juzgamos a los demás. Zaqueo le dijo a Jesús que estaba dispuesto a dar la mitad de sus posesiones a los pobres y que, si había engañado a alguien, él le devolvería cuatro veces más de lo que les había quitado (Lucas 19:7-8). Esta fue la respuesta de Jesús:

—Hoy ha llegado la salvación a esta casa—le dijo Jesús—, ya que este también es hijo de Abraham. Porque el Hijo del hombre vino a buscar y a salvar lo que se había perdido.

Lucas 19:9-10

En otra historia del Evangelio, el ciego Bartimeo escuchó que Jesús estaba pasando cerca de donde él estaba sentado y empezó a gritar: "¡Jesús, Hijo de David, ten compasión de mí!". La gente le dijo que se callara, "pero él se puso a gritar aún más" (Marcos 10:46-48). Me encanta lo que pasó después. La Escritura dice que Jesús ¡se detuvo! Llamó a Bartimeo para que se acercara a Él y lo sanó (Marcos 10:49-52). Toda la gente trató de detener a Bartimeo, pero él los ignoró y presionó más hasta alcanzar su milagro. Podemos ser como Bartimeo y negarnos a pensar que no hay manera, independientemente de lo que enfrentemos.

¿CÓMO LE AFECTA LA OPOSICIÓN?

Todos enfrentamos oposición en la vida, así como le pasó a Bartimeo. Nunca sabemos cuándo vendrá. De la misma manera en que las tormentas no siempre aparecen en el pronóstico del tiempo, tampoco lo hace la oposición. Permítame preguntarle: ¿Debilita la oposición su resolución, lo desanima y hasta lo deprime o lo hace más determinado para presionar y seguir adelante?

Cuando envejecemos, enfrentamos diferentes tipos de oposición. Podría ser que ahora aumenta de peso más fácilmente o que necesita más tiempo para recuperarse de la actividad física de lo que necesitaba hace unos años. Podría ser que su cuerpo sencillamente no coopera con usted tan bien como una vez lo hizo, y usted necesita hacer ajustes en lo que hace o ser más determinado que nunca para no rendirse. La oposición puede presentarse en la forma de la pérdida de seres queridos o cambios en su situación financiera, pero puedo asegurarle que la oposición vendrá en una diversidad de formas en varios momentos de la vida.

> *De la misma manera en que las tormentas no siempre aparecen en el pronóstico del tiempo, tampoco lo hace la oposición.*

Pablo dijo que cuando una puerta ancha de oportunidad se le abría, venía con muchas adversidades (1 Corintios 16:9). Parecía que él experimentaba oposición casi continuamente, pero se negaba a rendirse.

Es importante que sigamos el ejemplo de Pablo y tengamos una mente firme. No se canse de hacer el bien, porque a su tiempo cosechará si no se rinde (Gálatas 6:9). Dios siempre le provee una manera para salir de su situación, o le da fortaleza adicional (gracia) para soportarla.

Su vida podría no salir de la forma en que usted lo esperaba, pero puede ser buena si la acepta gozosamente. No todos los días serán perfectos, pero con la actitud correcta, usted puede lidiar con gracia con lo que venga. ¡Puede envejecer con gracia!

COMENTARIOS FINALES

Tener buen cuidado de uno mismo requiere disciplina, fe y una inversión de su tiempo. Le insto a ser un inversionista, no un apostador. Los inversionistas hacen lo correcto ahora con la esperanza de beneficios futuros, pero los apostadores hacen lo incorrecto y esperan que no cause ningún problema.

Ore y asóciese con Dios en su salud. Permita que el Espíritu Santo lo guíe en los aspectos prácticos de su vida, así como en los espirituales. Usted es muy importante para Dios y para ayudar a edificar su reino. Me gustaría animarlo a pensar frecuentemente en la promesa que Dios hace en Isaías 46:4: "Aun en la vejez, cuando ya peinen canas, yo seré el mismo, yo los sostendré. Yo los hice, y cuidaré de ustedes; los sostendré y los libraré".

Acuérdese de descansar. Sea gentil consigo mismo y no sienta que vive para mantener contento a todo el que habita en este planeta mientras ignora las necesidades propias. No deje que cualquier cosa que posea o su carrera se vuelva más importante para usted de lo que debería. Ponga siempre a Dios en primer lugar.

Sea gentil consigo mismo.

Lo encomiendo a la gracia de nuestro Señor Jesucristo, con la esperanza de que disfrutará ¡una vida sana y fructífera!

¿Tiene una relación real con Jesús?

¡Dios lo ama! Él lo creó para ser una persona especial, única, exclusiva, y Él tiene un propósito concreto y un plan para su vida. Mediante una relación personal con su Dios y Creador, puede descubrir un estilo de vida que verdaderamente satisfará su alma.

No importa quién sea, lo que haya hecho o dónde se encuentre en la vida ahora mismo, el amor y la gracia de Dios son más grandes que su pecado, sus errores. Jesús voluntariamente dio su vida para que usted pueda recibir perdón de Dios y tener nueva vida en Él. Él está esperando a que usted lo invite a ser su Salvador y Señor.

Si está listo para entregar su vida a Jesús y seguirlo, lo único que tiene que hacer es pedirle que perdone sus pecados y le dé un nuevo comienzo en la vida que Él diseñó para usted. Comience haciendo esta oración...

Señor Jesús, gracias por darme tu vida y perdonar mis pecados para que pueda tener una relación personal contigo. Siento mucho los errores que he cometido, y sé que necesito que me ayudes a vivir rectamente.

Tu Palabra dice en Romanos 10:9, que "si confiesas con tu boca que Jesús es el Señor y crees en tu corazón que Dios lo levantó de entre los muertos, serás salvo" (NVI). Creo que eres el Hijo de Dios y te confieso como mi Salvador y Señor. Tómame tal como soy, y opera en mi corazón, haciéndome la persona que tú quieres que yo sea. Quiero vivir para ti, Jesús, y estoy muy agradecido, porque hoy me estás dando una nueva oportunidad en mi nueva vida contigo. ¡Te amo, Jesús!

¡Es maravilloso saber que Dios nos ama tanto! Él quiere tener una relación profunda e íntima con nosotros y que crezca cada día a medida que pasamos tiempo con Él en oración y en el estudio de la Biblia. Por eso, queremos animarlo en su nueva vida en Cristo.

Por favor, visite https://tv.joycemeyer.org/espanol/como-conocer-jesus/. También tenemos otros recursos gratuitos en línea tanto en español como inglés para ayudarle a crecer y perseguir todo lo que Dios tiene para usted.

¡Enhorabuena por su nuevo comienzo en su vida en Cristo! Esperamos oír de usted pronto.

ACERCA DE LA AUTORA

Joyce Meyer es una de las principales maestras prácticas de la Biblia en el mundo. Como autora de éxitos de ventas del *New York Times*, los libros de Joyce han ayudado a millones de personas a encontrar esperanza y restauración por medio de Jesucristo. El programa de Joyce, *Disfrutando la vida diaria*, se emite en todo el mundo por televisión, radio y el Internet. A través del ministerio Joyce Meyer Ministries, Joyce enseña internacionalmente sobre varios temas con un enfoque particular en cómo la Palabra de Dios se aplica a nuestra vida diaria. Su estilo de comunicación informal le permite compartir de manera abierta y práctica sobre sus experiencias para que otros puedan aplicar a sus vidas lo que ella ha aprendido.

Joyce ha escrito más de cien libros, que han sido traducidos a más de cien idiomas, y se han distribuido más de 65 millones de ellos por todo el mundo. Entre sus éxitos de ventas están *Pensamientos de poder; Mujer segura de sí misma; Luzca estupenda, siéntase fabulosa; Empezando tu día bien; Termina bien tu día; Adicción a la aprobación; Cómo oír a Dios; Belleza en lugar de cenizas;* y *El campo de batalla de la mente*.

La pasión de Joyce por ayudar a las personas que sufren es fundamental para la visión de Hand of Hope (Manos de esperanza), el brazo misionero de Joyce Meyer Ministries. Hand of Hope realiza esfuerzos de alcance humanitario en todo el mundo como programas de alimentación, cuidado médico, orfanatos, respuesta a catástrofes, intervención y rehabilitación en el tráfico humano, y mucho más, compartiendo siempre el amor y el evangelio de Cristo.

JOYCE MEYER MINISTRIES

DIRECCIONES DE LAS OFICINAS EN E.U.A. Y EL EXTRANJERO

Joyce Meyer Ministries
P.O. Box 655
Fenton, MO 63026 USA
(636) 349-0303

**Joyce Meyer Ministries—
Canadá**
P.O. Box 7700
Vancouver, BC V6B 4E2
Canada
(800) 868-1002

**Joyce Meyer Ministries—
Australia**
Locked Bag 77
Mansfield Delivery Centre
Queensland 4122
Australia
(07) 3349 1200

**Joyce Meyer Ministries—
Inglaterra**
P.O. Box 1549
Windsor SL4 1GT
United Kingdom
01753 831102

**Joyce Meyer Ministries—
África del Sur**
P.O. Box 5
Cape Town 8000
South Africa
(27) 21-701-1056

**Joyce Meyer Ministries—
Francofonía**
29 avenue Maurice Chevalier
77330 Ozoir la Ferriere
France

**Joyce Meyer Ministries—
Alemania**
Postfach 761001
22060 Hamburg
Germany
+49 (0)40 / 88 88 4 11 11

**Joyce Meyer Ministries—
Países Bajos**
Lorenzlaan 14
7002 HB Doetinchem
+31 657 555 9789

**Joyce Meyer Ministries—
Rusia**
P.O. Box 789
Moscow 101000
Russia
+7 (495) 727-14-68

OTROS LIBROS DE JOYCE MEYER

100 Inspirational Quotes

100 Ways to Simplify Your Life

21 Ways to Finding Peace and Happiness

Any Minute

Approval Addiction

The Approval Fix

The Battle Belongs to the Lord

Battlefield of the Mind*

Battlefield of the Mind Bible

Battlefield of the Mind for Kids

Battlefield of the Mind for Teens

Battlefield of the Mind Devotional

Be Anxious for Nothing*

Being the Person God Made You to Be

Beauty for Ashes

Change Your Words, Change Your Life

Colossians: A Biblical Study

The Confident Mom

The Confident Woman

The Confident Woman Devotional

Do It Afraid*

Do Yourself a Favor . . . Forgive

Eat the Cookie . . . Buy the Shoes

Eight Ways to Keep the Devil Under Your Feet

Ending Your Day Right

Enjoying Where You Are on the Way to Where You Are Going

Ephesians: Biblical Commentary

The Everyday Life Bible

The Everyday Life Psalms and Proverbs

Filled with the Spirit

Galatians: A Biblical Study

Good Health, Good Life

Habits of a Godly Woman

Healing the Soul of a Woman*

Healing the Soul of a Woman Devotional

Hearing from God Each Morning

How to Hear from God*

How to Succeed at Being Yourself

I Dare You

If Not for the Grace of God*

In Pursuit of Peace

In Search of Wisdom

James: A Biblical Study

The Joy of Believing Prayer

Knowing God Intimately

A Leader in the Making

Life in the Word

Living Beyond Your Feelings

Living Courageously

Look Great, Feel Great

Love Out Loud

The Love Revolution

Making Good Habits, Breaking Bad Habits

Making Marriage Work (publicado previamente como Help Me—I'm Married!)

Me and My Big Mouth!*

The Mind Connection*

Never Give Up!

Never Lose Heart

New Day, New You

LIBROS EN ESPAÑOL POR JOYCE MEYER

Sanidad para el alma de una
mujer (Healing the Soul
of a Woman)

Sanidad para el alma de una mujer,
Devocionario (Healing the Soul of a
Woman Devotional)

Santiago: Comentario bíblico (James:
Biblical Commentary)

Sobrecarga (Overload)

Sus batallas son del Señor
(Your Battles Belong to the Lord)

Termina bien tu día
(Ending Your Day Right)

Tienes que atreverte
(I Dare You)

Usted puede comenzar de nuevo
(You Can Begin Again)

Viva amando su vida
(Living a Life You Love)

Viva valientemente
(Living Courageously)

Vive por encima de tus
sentimientos (Living Beyond
Your Feelings)

LIBROS POR DAVE MEYER

Life Lines

* Guía de estudio disponible para este título